Martin R. Textor
Elternarbeit in der Schule

AF239875

Martin R. Textor

Elternarbeit in der Schule

Books on Demand GmbH

Herstellung und Verlag: BoD – Books on Demand, Norderstedt
Alle Rechte vorbehalten – Printed in Germany
3. Auflage 2021
© Martin R. Textor, www.martin-textor.de
Umschlagfoto: © James Thew - Fotolia.com

ISBN 978-3-8482-5672-3

Inhalt

Elternarbeit – ein spannungsreiches Tätigkeitsfeld

„Schule braucht die Erziehungsgemeinschaft von Elternhaus und Schule. Wenn Lehrkräfte und Eltern abgestimmt an einem Strang ziehen, profitieren vor allem – aber nicht nur – die Schülerinnen und Schüler davon". So beginnt das Vorwort von Riecke-Baulecke in dem Buch „Elternarbeit" (Doppke/Gisch 2005, S. 6). Und das Motto des Handbuches „Wie Eltern Schule mitgestalten können" von Frie (2006) lautet: „*Nutzen Sie als Lehrer das Potential der Eltern, die sich mitnehmen lassen! Und nutzen Sie als Eltern Ihre Möglichkeiten der aktiven Mitarbeit und Mitbestimmung in der Schule!*" (S. 6).

Beide Aussagen verdeutlichen, für wie wichtig heute eine intensive Zusammenarbeit zwischen Schule und Familie gehalten wird. Allerdings sieht die Realität anders aus. Beispielsweise zeigte eine Repräsentativbefragung an 574 Schulen im Freistaat Bayern, dass mit zunehmendem Alter der Schüler/innen und mit wachsender Bedeutung des Fachlehrerprinzips die Atmosphäre zwischen Elternhaus und Schule schlechter wird (Sacher 2005). So ist die Elternarbeit weniger erfolgreich an Realschulen und Gymnasien als an Hauptschulen, und diese ist weniger gut als an Grundschulen. Laut der Studie hat nur etwas mehr als ein Zehntel der Eltern einen „intensiven und vielfältigen Kontakt zur Schule" (S. 149).

Dementsprechend wird das Bild der Eltern von der jeweiligen Schule *zumeist nicht durch eigene Erfahrungen geprägt, sondern weitgehend durch die Aussagen ihrer Kinder*. Das ist nicht unproblematisch, wie Altuntaş, Kröll und Viertel (2011) betonen: „Gibt es keine besonderen Vorkommnisse, so lässt man sich gegenseitig in Frieden. Kommt es jedoch zu Konflikten, dann sind gegenseitige Schuldzuweisungen schnell zur Hand. Das gibt Kindern leider auch Gelegenheit, Eltern und Lehrkräfte gegeneinander auszuspielen. Schon um dies zu verhindern, sollten Lehrerinnen und Lehrer den regelmäßigen Austausch mit Eltern pflegen..." (S. 19).

So ist das Verhältnis zwischen Eltern und Lehrer/innen zumeist distanziert. Die Eltern klagen über Lehrkräfte, die entweder zu hohe Leistungserwartungen hätten und Schulstress erzeugen oder die sich zu wenig um den Lernerfolg ihrer Schüler/innen kümmern würden. Auch meinen Eltern, dass Lehrkräfte nur an kognitiven Leistungen interessiert seien und die Persönlichkeitsentwicklung der Kinder und andere Lernbereiche ausklammern würden. Die Lehrer/innen klagen, dass die Eltern ihre Kinder nicht richtig erzogen hätten und sie nicht genug motivieren würden, sodass sie sich mit unaufmerksamen, faulen, aggressiven oder sonst wie verhaltensauffälligen Schülern „herumärgern" müssten. Auch meinen sie, dass sich viele Eltern zu wenig um die Hausaufgaben ihrer Kinder kümmern würden.

Hinter dieser wechselseitigen Kritik und Distanzierung voneinander stehen verschiedene Faktoren. Beispielsweise verweist Frie (2006) auf negative Erfahrungen der Eltern aus der eigenen Schulzeit, auf zu hohe oder zu unterschiedliche Erwartungshaltungen auf Seiten von Schule und Familie sowie auf das Selbst- und Rollenverständnis von Lehrer/innen und Eltern. Sie stellt fest, dass die Anforderungen an Lehrkräfte und (berufstätige) Eltern in den letzten Jahren immens gestiegen sind, sodass sie sich oft gestresst und hinsichtlich ihrer Bildungs- und Erziehungsaufgaben überfordert fühlen würden. Zugleich würden beide Seiten immer mehr in den Medien und seitens der Politik kritisiert – Stichworte sind hier schlechtere Schulleistungen deutscher Kinder bei internationalen Vergleichsuntersuchungen (z.B. PISA, IGLU), hohes Schulversagen von Kindern mit Migrationshintergrund bzw. aus sozial schwachen Familien, Erziehungsunfähigkeit von Eltern, mangelnde Sprachförderung, (sexuelle) Gewalt in Familien usw. Die Schuld für viele aktuelle Probleme würden sich Schule und Familie gegenseitig zuschieben.

Ein weiterer, zur wechselseitigen Distanzierung beitragender Faktor ist die *Angst von Eltern vor Lehrer/innen* (z.B. Gefühl der Unterlegenheit, Furcht vor einer „Benotung" ihrer Erziehungsleistung, Schwellenangst, Sorge, dass kritische Äußerungen über eine Lehrkraft Konsequenzen für ihr Kind haben könnten). Sie kommen nicht zu Elternsprechtagen, weil sie befürchten, Negatives über ihr Kind zu hören. Andere Eltern suchen nicht (mehr) den Kontakt zu Lehrer/innen, interessieren sich nicht für die Schulleistungen ihrer Kinder, haben berufsbedingt keine Zeit für den Besuch von Sprechstunden und Elternveranstaltungen oder können sich mangels Sprachkenntnissen nicht ausreichend verständigen. Zu dem distanzierter Verhältnis trägt *auf Seiten der Lehrer/innen ihre Angst vor Eltern bei* (z.b. vor der Konfrontation mit einer ganzen Gruppe von Eltern beim Elternabend, vor Gesprächen mit Eltern über die schlechten Schulleistungen oder die Verhaltensauffälligkeiten ihrer Kinder, vor Eltern, die bessere Noten für ihre Kinder fordern, vor Eltern, die gleich mit dem Schulamt oder einem Rechtsanwalt drohen). Ferner definieren viele Lehrkräfte *ihre Rolle weiterhin als Unterrichtende, nicht aber (auch) als Erziehende.* Sie haben *kaum Zeit für Elternkontakte,* da Unterrichtsvorbereitung, Korrekturen und Verwaltungsarbeit immer mehr Zeit beanspruchen. Zudem haben Lehrer/innen häufig eine ambivalente Haltung Familien gegenüber, die oft sogar zum negativen Pol hin tendiert: Sie fokussieren Erziehungsfehler und problematische Erziehungsstile der Eltern, Überforderung und Vernachlässigung, Verhaltensauffälligkeiten und Lernstörungen, Familienprobleme und -belastungen, mangelnde Sprachförderung in Familien mit Migrationshintergrund und unzureichende Kontrolle der Hausaufgaben in sozial schwachen Familien.

Eine ambivalente oder gar negative Haltung Familien gegenüber belastet aber die Lehrer-Eltern-Beziehung. Zum einen lässt sie sich nicht verheimlichen; sie schimmert bei Elterngesprächen und -veranstaltungen immer wieder durch, wird erspürt und führt bei Eltern zu einer kritischen und oft auch ablehnenden Haltung den Lehrer/innen gegenüber. Zum anderen demotiviert sie die Lehrkraft; diese bemüht sich nicht mehr um eine Verbesserung ihrer Elternarbeit, schottet sich vielleicht sogar gegenüber den Eltern ab. Die Arbeit mit den Kindern macht doch viel mehr Freude und ist so viel lohnender!

Aber dieses Verhalten führt nicht weiter – es gibt einfach zu viele Situationen, bei der die Lehrkraft auf den Kontakt zu Eltern angewiesen ist. Deshalb sollten sich Lehrer/innen von dem Defizitmodell distanzieren und *in den Eltern Experten für ihr Kind sehen.* Speck (1996) verweist darauf, dass Eltern über pädagogisch-psychologische Alltagstheorien verfügen, die durchaus komplex und ausdifferenziert sein können. Er schreibt: „Ihre Schlüsselposition und ihre volle Verantwortung für das Leben ihres Kindes dürfen prinzipiell nicht in Frage gestellt werden" (S. 496).

Die Bedeutung der Familie

Offensichtlich ist, *dass in der Familie viel gelernt wird – vor allem Kompetenzen und Einstellungen, die für das ganze Leben wichtig sind.* Dazu gehören Sprachfertigkeiten, Grob- und Feinmotorik, Lernmotivation, Neugier, Leistungsbereitschaft, Selbstbild, Interessen, Werte, Gefühlskontrolle, Selbstbewusstsein, soziale Fertigkeiten usw. Die Eltern verbringen ein Vielfaches an Zeit mit ihrem Kind, als die Lehrkraft einem einzelnen Schüler in ihrer Klasse widmen kann. Auch sind Eltern *wichtigere „Liebesobjekte"* als Lehrer/innen, wobei solche positiven Gefühle Modelllernen bzw. Nachahmung fördern. Die Familie prägt somit die kindliche Entwicklung in entscheidendem Maße.

Die Bildungsmacht von Familien

Die Familie ist sogar die wichtigste Bildungsinstanz. Sie ist viel einflussreicher als die Schule. Ja, die Familie kann sogar die Schule ersetzen. So findet in den USA eine in Deutschland kaum bekannte Revolution im Bildungsbereich statt: Immer mehr amerikanische Kinder besuchen nicht mehr die Schule, sondern werden von ihren Eltern gebildet. Während 1999 ca. 850.000 Kinder zwischen fünf und 17 Jahren zu Hause „beschult" wurden, waren es 2020 bereits rund 2,5 Millionen (Homeschooling 2018; Ray 2020). Kinder bzw. Jugendliche, die von ihren Eltern unterrichtet wurden, schnitten laut mehreren Studien bei Schulleistungstests, hinsichtlich ihres Sozialverhaltens und bezüglich ihres Selbstkonzepts gleich gut oder sogar besser ab als gleichaltrige Schüler/innen (Murphy 2012; Ray 2020).

Aber auch bei Kindern, die eine Regelschule besuchen, ist seit langem wissenschaftlich nachgewiesen, dass die Familie stärker die Bildungslaufbahn eines Kindes prägt als die Schule. Schon in den 1960er Jahren wurden in den damals Aufsehen erregenden Büchern „Equality of Educational Opportunity" von Coleman et al. (1966) und „Children and Their Primary Schools" von Plowden (1967) anhand von Untersuchungen aufgezeigt, *dass der Anteil der Schule am Schulerfolg von Kindern nur etwa halb so groß wie der Anteil der Familie ist.* Diese Erkenntnis wurde inzwischen in Hunderten von empirischen Studien bestätigt, in denen ganz unterschiedliche Merkmale von Familien und Schulen in Bezug zur Schulleistung von Kindern erforscht wurden.

Auch die seit der Jahrhundertwende erschienenen internationalen Vergleichsstudien wie PISA, TIMMS oder IGLU belegten immer wieder, dass die Schulleistungen weitgehend von Familienfaktoren abhängen (Bildungsstand der Eltern, Haushaltseinkommen, Familienkultur usw.). Kinder aus „bildungsmächtigen" Familien erreichen in der Regel einen höheren Schul- und Berufsabschluss als Kinder aus „bildungsschwachen" Familien, zu denen vor allem Familien mit Migrationshintergrund, mit niedrigem sozioökonomischem Status und aus sozialen Brennpunkten gehören.

Demnach ist der Einfluss der Familie auf die Schulleistungen größer als der Einfluss der Schule: Die kindliche Entwicklung wird vor allem in den ersten Lebensjahren auf eine so intensive Weise durch die Familie geprägt, dass die Kinder selbst bei gleicher Intelligenzausstattung und Begabung mit unterschiedlichen Voraussetzungen in die Grundschule kommen. Den Lehrer/innen gelingt es dann nicht, die benachteiligten Kinder so zu fördern, dass sie mit den Gleichaltrigen aus „bildungsmächtigen" Familien mithalten können. *Vielmehr öffnet sich die „Leistungsschere" zwischen den Schülern mit der Zahl der Schuljahre immer mehr.* Im Jugendalter sind die Unterschiede im Wissen und Können zwischen Gymnasiasten und Hauptschülern bereits sehr stark ausgeprägt.

11

Die Erziehungsmacht von Familien

Die Familie prägt aber nicht nur die kognitive bzw. intellektuelle Entwicklung von Kindern, sondern auch ihre soziale, emotionale und personale Entwicklung. So ist der Einfluss der Eltern auf das Verhalten und Erleben ihrer Kinder bei weitem größer als der Einfluss von Lehrer/innen. Wie die „Bildungsmacht" kann sich auch die „Erziehungsmacht" der Familie *eher positiv oder eher negativ auf die Entwicklung eines Kindes auswirken.*

Leider wird seit einigen Jahren die Erziehungsfunktion von Familien seitens der Politik, der Medien und der Bildungseinrichtungen zunehmend kritisch gesehen: So wird ein wachsender Bedarf von Eltern an Beratung und Unterstützung bei der Wahrnehmung ihrer Erziehungsaufgaben konstatiert, wird die Erziehung von Kindern aus Migrantenfamilien sowie aus sozial benachteiligten und bildungsfernen Schichten kritisiert, werden Fälle der Vernachlässigung, Misshandlung oder Ermordung von Kindern intensiv diskutiert.

Bei der skizzierten Defizitorientierung wird ignoriert, *dass weiterhin der größte Teil der Familien ihre Erziehungsfunktion erfüllt.* Das schließt natürlich nicht aus, dass Eltern manchmal unsicher sind oder Fehler machen. Kinder brauchen aber keine perfekten Eltern; sie benötigen nur relativ gute. Und das dürften mindestens 75 Prozent aller Eltern sein – zumindest sind nur zwischen 20 und 25 Prozent der Kinder im Schulalter verhaltensauffällig, also durch familiale (oder andere!) Einflüsse geschädigt worden. In den meisten Familien werden die Kinder hingegen so erzogen, dass sie zu psychisch gesunden Menschen heranwachsen und interpersonale Kompetenzen ausbilden.

Den Einfluss der Familie berücksichtigen

Aus den skizzierten wissenschaftlichen Erkenntnissen über die Bildungs- und Erziehungsmacht der Familie ergeben sich zwei bisher weitgehend ignorierte Konsequenzen für die Schule:

1. *Die Leistungen erziehungs- und bildungsmächtiger Familien sollten angemessen gewürdigt werden.*

2. Erziehungs- und bildungsschwache Familien müssen besonders intensiv unterstützt werden:

   - *Einerseits sollten die Eltern Kompetenzen erwerben, die es ihnen ermöglichen, die Entwicklung ihrer Kinder besser zu fördern.*

   - *Andererseits sollten für die Kinder kompensatorische Maßnahmen angeboten werden,* durch die Entwicklungsverzögerungen frühestmöglich abgebaut werden und eine mangelnde Stimulierung ausgeglichen wird.

Damit Schulen entsprechend handeln können, müssen *die notwendigen Ressourcen* seitens der Politik bereitgestellt werden. Beispielsweise benötigen Lehrer/innen Zeitkontingente für die vorgenannten Aufgaben. Ferner müssen elternbildende und kompensatorische Maßnahmen an Schulen kostendeckend finanziert werden, damit die benötigten Fachleute angestellt und Honorarkräfte bezahlt werden können. Außerdem muss durch eine bessere Vernetzung von Schulen sichergestellt werden, dass Schüler/innen bei Entwicklungsverzögerungen oder mangelnder Beherrschung der deutschen Sprache sowie hilfebedürftige Eltern die bestmögliche Unterstützung, Förderung und Beratung im Bildungs- und Sozialbereich erhalten.

Ganztagsbetreuung von Kindern

Die gerade skizzierten Konsequenzen aus der Bildungs- und Erziehungsmacht der Familie erhalten eine besondere Brisanz, wenn man bedenkt, dass in den letzten Jahren der erzieherische und bildende Einfluss vieler Eltern geringer geworden ist. Dies liegt zum Teil daran, dass die Zeit schrumpft, in der sie die kindliche Entwicklung

13

beeinflussen können. *So werden Mütter nach der Geburt eines Kindes häufiger und schneller als früher wieder erwerbstätig und arbeiten immer länger.* Im Jahr 2018 waren bereits 42% der Mütter mit Kindern im Alter von 1 Jahr erwerbstätig (2008: 36%). War das jüngste Kind 2 Jahre alt, stieg der Prozentsatz auf 61% (2008: 46%). Insgesamt gingen 71% aller Mütter einer Berufstätigkeit nach. Allerdings arbeiteten nur 25% der Mütter Vollzeit (Statistisches Bundesamt 2019).

Die abnehmende Familienzeit der Mütter wird nur von den wenigen „neuen Vätern" ansatzweise kompensiert, die sich relativ intensiv um ihre Kinder kümmern. Väter arbeiteten im Jahr 2018 zu 91% Vollzeit (a.a.O.), wobei zur Regelarbeitszeit noch Überstunden und Wegezeiten kommen (wie bei erwerbstätigen Müttern). So ist es nicht verwunderlich, dass Väter laut der letzten Zeitbudgetstudie des Statistischen Bundesamtes (2015) gerade einmal 51 Minuten pro Tag für die Betreuung ihrer Kinder als Hauptaktivität aufwandten – bei erwerbstätigen Müttern waren es 1 Stunde und 21 Minuten und bei nicht erwerbstätigen Müttern 2 Stunden und 35 Minuten. Hier ist aber zu beachten, dass nur ein Teil dieser Zeit erzieherische Aktivitäten umfasst: „Betrachtet man Väter sowie erwerbstätige und nicht erwerbstätige Mütter als drei getrennte Gruppen, so zeigt sich, dass alle Eltern mehr als ein Drittel ihrer Zeit für Kinderbetreuung mit Beaufsichtigung und Pflege verbringen. Daneben entfällt bei allen Eltern etwa ein Viertel der Kinderbetreuungszeit auf das Begleiten, auf Fahrdienste und Termine im Zusammenhang mit dem Kind. Spielen und sportliche Aktivitäten stehen bei Vätern aber noch stärker im Fokus, denn diese Tätigkeiten machen ein Drittel ihrer Zeit aus" (a.a.O., S. 11).

Die Entwicklung hin zu einer immer früher beginnenden und mehr Stunden umfassenden Erwerbstätigkeit von Müttern wird sich in den kommenden Jahrzehnten noch beschleunigen, da aufgrund des zunehmenden Fachkräftemangels der Druck der Arbeitgeber auf Arbeitnehmerinnen immer größer werden wird, nach der Geburt eines Kindes so schnell wie möglich an ihren Arbeitsplatz zurückzukehren, da die hohen beruflichen Anforderungen in der sich abzeichnenden Wissensgesellschaft zu längeren Arbeitszeiten führen

14

werden, da steigende Lebenshaltungskosten in der Regel nur von zwei berufstätigen Eltern geschultert werden können und da sinkende Renten es nötig machen, dass jeder Erwachsene durch Vollerwerbstätigkeit für sich selbst möglichst viele Entgeltpunkte ansammelt (Textor 2014).

Jedoch können Eltern jüngerer Kinder nur (Vollzeit) erwerbstätig sein, wenn deren *außerfamiliale Betreuung* gesichert ist – entweder in Kindertageseinrichtungen, durch Tagespflege, durch verlässliche Nachmittagsbetreuung an Schulen oder durch Ganztagsschulen. So sind in den letzten Jahren entsprechende Angebote stark ausgebaut worden. Im Jahr 2018 befanden sich bereits 36% der einjährigen, 63% der zweijährigen und 93% der drei- bis unter sechsjährigen Kinder in Tagesbetreuung. Allerdings wurden nur 19% der unter dreijährigen und 46% der älteren Kleinkinder mehr als 7 Stunden pro Tag betreut (Statistische Ämter des Bundes und der Länder 2019). Im gleichen Jahr besuchten schon 45% aller Schüler an allgemeinbildenden Schulen eine Ganztagsschule, wobei die Prozentsätze zwischen 20% in Bayern und 94% in Hamburg variierten (Sekretariat der Kultusministerkonferenz 2020, S. 35).

Immer weniger Zeit für die Familienerziehung

Die skizzierten Entwicklungen dürften dazu führen, dass *der Einfluss der Familienerziehung abnehmen wird, da Kleinkinder immer weniger Zeit zu Hause verbringen.* Tabelle 1 verdeutlicht, dass die Familienzeit bei ganztags betreuten Kleinkindern an Werktagen nur einem kleinen Teil ihrer Wachzeit entspricht. Erst wenn man zusätzlich das Wochenende berücksichtigt, macht die Familienzeit noch etwas mehr als die Hälfte der Wachzeit aus. Bedenkt man, dass in die außerhalb der Kindertageseinrichtung verbrachte Wachzeit auch Transport- und Einkaufszeiten fallen oder dass Kinder sich oft alleine beschäftigen müssen, weil ihre Eltern z.B. Hausarbeit machen, sich entspannen wollen, Sport treiben oder Besuch haben, wird deutlich, dass die Betreuungs-, Erziehungs- und Bildungszeit in der Familie

15

schon längst unter derjenigen in der Kindertageseinrichtung liegt – und das gilt auch für Kleinkinder, die für weniger als acht Stunden pro Wochentag außerfamilial betreut werden.

Tabelle 1: Ganztagsbetreuung: Was bleibt an Familienzeit?					
Alter:	1 Jahr	2 Jahre	3 Jahre	4 Jahre	5 Jahre
Schlafdauer:	13 Std. 45 Min.	13 Std.	12 Std.	11 Std. 30 Min.	11 Std.
Wachzeit:	10 Std. 15 Min	11 Std.	12 Std.	12 Std. 30 Min.	13 Std.
Ganztags-betreuung:	8 Std.	8 Std.	8 Std.	8 Std.	8 Std.
Fernsehzeit:	0 Min.	0 Min.	73 Min.	73 Min.	73 Min.
Familienzeit:	2 Std. 15 Min.	3 Std.	2 Std. 47 Min.	3 Std. 17 Min.	3 Std. 47 Min.
Quellen: Bundeszentrale für gesundheitliche Aufklärung (2012), Bundesministerium für Familie, Senioren, Frauen und Jugend (2008)					

Ähnliches dürfte auch für Schulkinder gelten, die nachmittags betreut werden oder eine Ganztagsschule besuchen. Rechnet man die Zeit hinzu, die insbesondere Gymnasiasten für Hausaufgaben und Prüfungsvorbereitungen aufwenden, beansprucht die Schule inzwischen weit mehr als 40 Wochenstunden im Leben eines Schulkindes. Aber auch aus zwei weiteren Gründen schrumpft die Familienzeit: Zum einen verbringen Schüler mit zunehmendem Alter immer mehr Freizeit außerhalb ihrer Familie oder beschäftigen sich alleine, z.B. mit alten und neuen Medien. Zum anderen nimmt die (addierte) Wochenarbeitszeit von Eltern mit dem Alter der Schüler zu. Je mehr Zeit aber Eltern an ihrem Arbeitsplatz verbringen, umso weniger Zeit haben sie für die Familie – schließlich fallen neben der reinen Arbeitszeit auch Wegezeiten an, ist der eigene Regenerationsbedarf größer.

Die Delegation von Erziehungsverantwortung

Die abnehmende Zeit für die Familienerziehung ist jedoch nur eine Seite der Medaille – die andere ist die implizite *Übertragung von immer mehr Betreuungs-, Erziehungs- und Bildungsaufgaben seitens der Eltern an Lehrer/innen und andere Fachleute.* Dies wird natürlich zum Teil durch den bereits skizzierten Trend bedingt: Je mehr Zeit z.b. ein Kleinkind in einer Tageseinrichtung verbringt, umso mehr physische, psychische und kognitive Bedürfnisse müssen dort befriedigt werden, umso stärker wird die Bindung an die Bezugserzieherin, umso mehr lernt das Kind in der Kindertagesstätte – vom Krabbeln bis zum Laufen, von den ersten Worten bis zur dekontextualisierten Sprache, von passiv gesammelten Beobachtungen bis hin zum Weltverständnis. Das Erlernen der Tischsitten, der Erwerb von sozialen Kompetenzen, die Persönlichkeitsbildung sowie geschlechtsbezogene, Sauberkeits-, Gesundheits-, Ernährungs- und Verkehrserziehung finden weitgehend in der Kita statt.

Der erwähnte Delegationsprozess wird ferner dadurch gefördert, *dass Kindertagesstätten in den letzten Jahren zu Bildungseinrichtungen weiterentwickelt wurden.* So sollen sie laut den Bildungs- und Erziehungsplänen der Bundesländer auch mathematische, naturwissenschaftliche, technische, ästhetische, musikalische, religiöse, Umwelt- und Medienbildung leisten. So übertragen Eltern guten Gewissens Bildungsaufgaben an die Kindertagesstätten.

Die Schule ist natürlich schon seit langem als Bildungseinrichtung anerkannt. Sie übernimmt zunehmend aber auch die *Hausaufgabenbetreuung* – zuvor eine Zuständigkeit der Eltern. Diese delegieren weitere Bildungsaufgaben an Musikschulen, Volkshochschulen und Nachhilfeinstitute. So erhalten z.B. 14% aller Schüler *Nachhilfeunterricht* (Bertelsmann Stiftung 2016).

Ferner übertragen Eltern aus *Unsicherheit* einen wachsenden Anteil ihrer Erziehungsverantwortung an Lehrer/innen. So werden sie durch die Medien und widersprüchliche Ratschläge aus ihrem sozialen Netzwerk verunsichert. Häufig wissen sie nicht, wie man ein Kind richtig erzieht und wie man es diszipliniert.

Hinzu kommt, dass aufgrund von Vernachlässigung, Überbehütung und anderen Erziehungsfehlern der Eltern, von familialen Belastungen wie Ehekonflikten, Scheidung, psychischer Erkrankung, Armut oder Diskriminierung, von sich negativ auswirkenden Charakteristika heutiger Kindheit wie Verplantheit, Reizüberflutung, Leistungsdruck, Medienkonsum usw. sowie von problematischen Einflüssen seitens Gleichaltriger *viele Kinder verhaltensauffällig werden.* Beispielsweise leiden laut der „Studie zur Gesundheit von Kindern und Jugendlichen in Deutschland" (KiGGS Welle 2) rund 20% aller Kinder und Jugendlichen unter psychischen Auffälligkeiten und psychosozialen Beeinträchtigungen (Robert Koch-Institut 2018).

In diesen Fällen *delegieren viele Eltern die Verantwortung für die „Normalisierung" ihrer Kinder* an Frühförderstellen, heilpädagogische Dienste, (Schul-) Psycholog/innen, (Schul-) Sozialarbeiter/innen und Psychiater/innen. Laut der Deutschen Gesellschaft für Sozialpädiatrie und Jugendmedizin (o.J.) erhält bereits ein Drittel aller Kleinkinder professionelle Förder- und Therapiemaßnahmen.

Wenn Lehrer zu Erziehenden werden

Schulen sind also viel stärker als früher gefordert, den abnehmenden und vereinzelt weitgehend ausgefallenen Einfluss von Eltern hinsichtlich der Sozialisation und Enkulturation ihrer Kinder zu kompensieren. Dabei müssen sie vor allem die Erziehungsfunktion intensivieren: Lehrer/innen können immer weniger erwarten, dass Schüler/innen von daheim Eigenschaften und Kompetenzen mitbringen, die zu einer hohen Lernbereitschaft und zu einem angemessenen Verhalten in der Klasse führen. Außerdem werden sie zunehmend mit un*er*zogenen, verhaltensauffälligen und lern*de*motivierten Kindern konfrontiert. So sind 50 Prozent der Lehrkräfte laut einer im Jahr 2012 veröffentlichten Befragung des Instituts für Demoskopie Allensbach der Meinung, dass das Unterrichten im Verlauf der letzten fünf bis zehn Jahre deutlich schwieriger geworden sei (Vodafone Stiftung Deutschland 2012). Dies „führen Lehrer zu insgesamt 42 Prozent auf das Verhalten ihrer Schüler zurück und kritisieren damit fehlende Disziplin, Respektlosigkeit und die Missachtung von Regeln ebenso wie ein geringes Konzentrationsvermögen, fehlende Motivation oder allgemeine Erziehungsdefizite", und 31 Prozent beklagen, dass sie immer häufiger Aufgaben übernehmen müssten, die eigentlich Sache des Elternhauses seien.

In Zukunft werden sich Lehrer/innen etwas weniger als Unterrichtende und dafür *mehr als Erziehende* verstehen müssen. Sie werden somit mehr Verantwortung für die Leistungen, das Verhalten und die Persönlichkeitsentwicklung ihrer Schüler/innen übernehmen. Auch die Umsetzung der in der „UN-Konvention über die Rechte von Menschen mit Behinderungen" geforderten *Inklusion* wird Lehrkräften mehr erzieherische und heilpädagogische Kompetenzen abverlangen – insbesondere wenn Inklusion so umfassend verstanden wird, dass die Heterogenität *aller* Schüler zu berücksichtigen sei.

Außerdem werden Lehrer/innen *zunehmend Betreuungsaufgaben übernehmen müssen*, insbesondere an Ganztagsschulen und in sozialen Brennpunkten. Dazu gehören:

1. der *Schutz* vor körperlichen und seelischen Gefahren, also beispielsweise vor Gewalt auf dem Schulhof, vor Mobbing oder Schulangst. Dies beinhaltet auch ein Tätigwerden bei einer Gefährdung des Kindeswohls außerhalb der Schule, z.B. in der Familie oder Gleichaltrigengruppe. Insbesondere jüngere Schüler/innen fühlen sich in der Klasse auch sicherer, wenn durch Regeln eine gewisse Struktur geschaffen wird und Lehrer/innen einen autoritativen Erziehungsstil praktizieren.

2. die *Fürsorge* durch Befriedigung emotionaler Bedürfnisse nach Wertschätzung, Zuwendung, Zugehörigkeit usw. Dies geschieht weitgehend auf der Beziehungsebene im Lehrer-Schüler-Verhältnis. Zur Fürsorge gehören auch die Beratung

von Schüler/innen bei persönlichen Problemen sowie die Förderung der Klassen*gemeinschaft* durch einen beziehungsstiftenden Unterrichtsstil, aber auch durch Gespräche über zwischenmenschliche Fragen und Konflikte, durch Feste, Ausflüge, Schullandheimaufenthalte und Klassenfahrten.

3. die *Pflege* durch das Sicherstellen der Befriedigung körperlicher Bedürfnisse, also z.b. nach Bewegung, Frischluft, Entspannung oder gesunder Ernährung. Die Integration bzw. Inklusion behinderter Schüler/innen kann mit besonderen Pflegetätigkeiten verbunden sein.

Offensichtlich ist, dass viele der genannten Betreuungsaufgaben eigentlich in den Zuständigkeitsbereich der Familie fallen. Vollzeit-, Abend-, Wochenend- und Schichtarbeit, ein oft nur geringes Verständnis kindlicher Bedürfnisse seitens der Eltern, ein Laissez-faire-Erziehungsstil, Armut und viele andere Faktoren führen jedoch dazu, dass viele Kinder in ihren Familien physisch und emotional vernachlässigt sind, ungesund ernährt werden, zu wenig Schlaf bekommen oder ungewaschen und mit verdreckten Kleidungsstücken in die Schule kommen.

Erziehungs- und Bildungspartnerschaft

Die Betreuung und Erziehung von Kindern bzw. deren Bildung lassen sich nicht mehr wie früher einerseits der Familie und andererseits der Schule zuordnen. Sowohl heute als auch in den kommenden Jahren können Eltern und Lehrer/innen nur einen mehr oder minder großen Anteil an diesen drei Aufgaben schultern. Wenn sie dies für sich alleine versuchen, dürften der Erziehungs- und der Bildungserfolg begrenzt sein – die Einwirkung der jeweiligen Person ist zu schwach, da sie nur wenig Zeit für das einzelne Kind hat und mit den Einflüssen der Peergroup, der Medien und anderer „Miterzieher" konkurrieren muss.

So sollten Familie und Schule die Betreuung, Erziehung und Bildung von Kindern *als ein gemeinsamen „Geschäft" betreiben*. Die Voraussetzung hierfür ist, dass Eltern und Lehrer/innen zunächst einmal erkennen und akzeptieren, dass Bildung bzw. Erziehung eine *Ko-Konstruktion* von ihnen (und dem jeweiligen Kind) ist. Sie sind sozusagen *„natürliche" Partner*. Eltern und Lehrkräfte sollten sich somit als „Ko-Konstrukteure" verstehen, die *gemeinsam die Verantwortung für das Wohl der Kinder übernehmen und bei deren Betreuung, Erziehung und Bildung zusammenarbeiten*.

Dieses Kooperationsverhältnis wird heute als „Erziehungs- und Bildungspartnerschaft" bezeichnet. Es unterscheidet sich grundlegend von früheren Konzepten der Elternarbeit, die nun kurz skizziert werden sollen: Bei der *klassischen Konzeption* – die heute noch an manchen weiterführenden Schulen umgesetzt wird – beschränkt sich Elternarbeit auf ein oder zwei Klassenelternabende und einen Elternsprechtag, bei dem es in erster Linie um die Schulleistungen des jeweiligen Kindes geht. Werden Eltern zu anderen Zeiten um ein Gespräch gebeten, so wissen sie, dass ihr Kind etwas „angestellt" hat oder andere Probleme macht. So sind solche Gespräche angstbesetzt – auch auf Seiten der Lehrkräfte.

Schon seit den 1960er Jahren konkurriert das Konzept einer *intensiven Elternarbeit* mit der klassischen Konzeption. Hier wird die Familienerziehung von Lehrer/innen kritisch gesehen, und so soll Eltern pädagogisches Fachwissen vermittelt werden. Ein typischer Elternabend hat dann ein Thema wie „Gefahren des Internets" oder „Wie betreue ich die Hausaufgaben meines Kindes richtig?" Die Lehrer/innen definieren sich hier als kompetente Pädagogen, während ein großer Teil der Eltern als inkompetent betrachtet wird.

Letzteres trifft auch auf die Konzeption von Elternarbeit als *Kotherapeutenschaft* zu, die zwischen 1970 und 1990 vor allem von Beschäftigten im Bereich der Heil- und Sonderpädagogik vertreten wurde. Hier werden den Eltern therapeutische Übungen gelehrt, die sie zu Hause mit ihren behinderten Kindern durchführen sollen. Verändert sich das kindliche Verhalten nicht wie erwartet, so haben die „inkompetenten" Eltern zu wenig mit ihrem Kind geübt...

Den drei vorgenannten Konzeptionen von Elternarbeit ist somit ein *hierarchisches Verhältnis* zu eigen. Impliziert ist die einseitige Beeinflussung der (passiven) Eltern durch die Lehrkräfte – sie *„bearbeiten"* die Erziehungsberechtigten.

Elternarbeit kann aber auch als eine *Dienstleistung* verstanden werden. Bei dieser vierten Konzeption werden die Eltern als „Kunden" gesehen, deren Bedürfnisse durch Elternarbeit befriedigt werden sollen. Für ein solches Verständnis typisch ist die Elternbefragung, durch die Interessen und Wünsche der Eltern ermittelt werden sollen. Oft kommen dann Angebote wie ein Gesprächskreis, ein Elternstammtisch oder ein gemeinsames Grillfest zustande.

Die neuste Konzeption der Elternarbeit ist die Erziehungs- und Bildungspartnerschaft. Ihre Vertreter halten die vorgenannten Konzepte für nicht mehr zeitgemäß – zum einen seien die meisten Eltern nicht inkompetent und den Lehrkräften untergeordnet, zum anderen könne es bei dem geringen Zeitbudget für Elternarbeit nicht darum gehen, irgendwelchen Wünschen von Eltern zu entsprechen.

Die Erziehungs- und Bildungspartnerschaft ist mit einer *Demokratisierung der Beziehung* zwischen Lehrer/innen und Eltern verknüpft: Die Zusammenarbeit erfolgt „auf gleicher Augenhöhe" und realisiert sich in einem dynamischen Kommunikationsprozess. Dies setzt gegenseitiges *Vertrauen* und *Respekt* voraus – Haltungen, die sich auch auf das Kind positiv auswirken: Sieht es, dass die Lehrer/innen seine Familie wertschätzen, wird es eher Selbstachtung entwickeln. Merkt es, dass seine Eltern die Lehrkräfte respektieren, fördert dies das erzieherische Verhältnis und die Lernmotivation. Erlebt es, dass sich beide Seiten um es sorgen sowie in seine Erziehung und Bildung Zeit und Energie investieren, wird es sich in diesem Beziehungskontext geborgen fühlen, sodass es sich voll dem Lernen und der eigenen Weiterentwicklung widmen kann.

Bei der Bildungs- und Erziehungspartnerschaft wird davon ausgegangen, dass *Eltern und Lehrer/innen weitgehend dieselben Erziehungsziele verfolgen*: Beide Seiten sind einander näher, als es oft den Anschein hat. Das gilt auch für ihre Grundhaltung bezüglich der Kinder: Sowohl Lehrkräfte als auch Eltern wollen das Beste für alle ihnen anvertrauten Schüler/innen bzw. für *ihr* Kind. *Für beide Seiten ist das Wohl des Kindes von zentraler Bedeutung.*

Eine Erziehungs- und Bildungspartnerschaft setzt die *wechselseitige Öffnung* von Eltern und Lehrer/innen voraus: Beide Seiten müssen Zeit finden zum Austausch wichtiger Informationen über das Verhalten des Kindes in Familie und Schule.

Auf Seiten der Lehrkräfte geht es bei der Öffnung darum, den Schulalltag für Familien durchschaubar zu machen. Die Eltern möchten wissen, wie normalerweise der Unterricht abläuft, welche Lehrplanvorgaben zu berücksichtigen sind, welche Erziehungsziele, -vorstellungen und -praktiken die Lehrer/innen haben und wie sie sich in schwierigen Situationen verhalten – z.B. gegenüber einem aggressiven oder lernunwilligen Schüler. Auch wollen sie von dem entwicklungspsychologischen und pädagogischen Fachwissen und den Erfahrungen der Lehrkräfte profitieren.

Vor allem aber wünschen Eltern Informationen darüber, wie sich ihr Kind in der Klasse verhält, wie es sich entwickelt, welchen Lernfortschritt es macht und ob es Schwierigkeiten hat. Auch wollen sie darüber sprechen, wie der Unterricht bei dem jeweiligen Kind „ankommt", ob es gerne lernt, ob es sich langweilt oder überfordert fühlt.

Stehen wichtige Übergänge an – z.B. von der Grundschule in weiterführende Schulen oder von der Schule ins Berufsleben – möchten Eltern wissen, was für Empfehlungen die Lehrkraft für den weiteren Lebensweg des Kindes hat und wie Schule und Familie es bei diesen Statuspassagen unterstützen können.

Das Kernstück der Erziehungs- und Bildungspartnerschaft ist somit das persönliche Elterngespräch, der Dialog miteinander. Hier darf nicht nur über Kompetenzen und Leistungen geredet werden – vielmehr *sollte das „ganze" Kind im Mittelpunkt stehen*, mit seinen Stärken und Schwächen, Interessen und Hobbys, Verhaltensweisen und Angewohnheiten, Freundschaften und Feindschaften, Freuden und Problemen.

Weitere Themen können die Auswirkungen der Schule auf das Familienleben und die Familiensituation sein (z.B. bevorstehende Trennung/Scheidung, Erkrankung eines Elternteils, Arbeitslosigkeit).

So erlangen einerseits die Lehrer/innen Einblick in die Familienverhältnisse der ihnen anvertrauten Kinder und können diese in ihrer pädagogischen Arbeit berücksichtigen, während andererseits den Eltern der Lebensbereich „Schule" transparent gemacht wird. Beide Seiten entwickeln Verständnis für den Lebenszusammenhang und die Perspektive der jeweils anderen. Sie lernen voneinander, werden zur Reflexion eigener Vorstellungen und Erfahrungen bezüglich des Verhaltens und der Erziehung des jeweiligen Kindes angeregt und erkennen die Kompetenzen der anderen Seite an.

Erziehungs- und Bildungspartnerschaft bedeutet aber nicht nur den Austausch von Informationen über Verhalten, Entwicklung und Erziehung des Kindes in Familie und Schule, sondern geht einen entscheidenden Schritt weiter: Eltern und Lehrer/innen versuchen, *ihre Erziehungs- bzw. Bildungsziele, -methoden und -bemühungen aufeinander abzustimmen, den Erziehungs- und Bildungsprozess gemeinsam zu gestalten, sich wechselseitig zu ergänzen und zu unterstützen.* Auf diese Weise soll eine gewisse Kontinuität zwischen den Lebensbereichen Familie und Schule gewährleistet werden und ein ganzheitliches Erziehungs- und Bildungsprogramm zustande kommen.

Im Rahmen der Bildungspartnerschaft ist einerseits eine *Mitarbeit von Eltern im Unterricht* sowie bei besonderen Projekten möglich. So können sie ihr Wissen, ihre Kompetenzen, ihre Hobbys usw. einbringen, erweitert sich das Bildungsangebot der Schule. Andererseits *beeinflussen Lehrkräfte Bildungsprozesse in Familien,* indem sie z.B. mit Eltern über eine sinnvolle Hausaufgabenbetreuung sprechen, ihnen Lernmaterialien zur Verfügung stellen oder den Schüler/innen besondere Aufträge erteilen, die sie nur gemeinsam mit ihren Eltern erledigen können.

Bei Schüler/innen mit Verhaltensauffälligkeiten, psychischen Problemen oder Lernstörungen nimmt die Erziehungspartnerschaft manchmal die Züge einer *Notgemeinschaft* an, da Eltern und Lehrer/innen für sich alleine überfordert und häufig in hohem Maße belastet sind. Aufgrund des bereits bestehenden Vertrauensverhältnisses gehen Lehrer/innen und Eltern früher als bisher aufeinander zu. *Die Probleme des Kindes sind dann noch nicht so schwerwiegend und verfestigt, können also leichter gelöst werden.* Beide Seiten können ihr Verhalten gegenüber dem Kind abstimmen, aber auch die Einbeziehung von Fachleuten wie Erziehungsberater/innen, Jugendamtsmitarbeiter/innen, (Schul-) Psycholog/innen oder Schulsozialarbeiter/innen beschließen.

Berichten Eltern von Erziehungsschwierigkeiten, *beraten* die Lehrkräfte sie, wobei sie auf ihr entwicklungspsychologisches und pädagogisches Fachwissen und ihre Berufserfahrung zurückgreifen. Sie können auch beschreiben, wie sie sich selbst in schwierigen Situationen verhalten. Bei Lernstörungen oder schlechten Schulleistungen suchen Lehrkräfte und Eltern gemeinsam nach den Ursachen und vereinbaren, wie sie das Kind unterstützen wollen. Manchmal müssen die Eltern beraten werden, wie sie am besten den Lernprozess ihrer Kinder begleiten, die Hausaufgaben betreuen oder bei der Vorbereitung von Prüfungen helfen können. So wirken Lehrer/innen auch auf die Familienerziehung ein, werden sie also *elternbildend* tätig.

Formen der Elternarbeit

Zur Umsetzung der Erziehungs- und Bildungspartnerschaft sind viele Angebote entwickelt worden. Einen ersten Überblick bietet nachstehende Tabelle.

Tabelle 2: Formen der Bildungs- und Erziehungspartnerschaft

Einzelkontakte	<ul><li>informelle Gespräche</li><li>Elternsprechtag</li><li>Termingespräche</li><li>individuelle Beratung, Vermittlung von Hilfsangeboten</li><li>Besprechungen per Video</li><li>Telefonkontakte (regelmäßig oder bei Bedarf)</li><li>Hausbesuche</li><li>Bildungs- und Erziehungsverträge</li><li>Mitteilungsheft (auch als Teil des Hausaufgabenheftes)</li><li>Mitgeben von Notizen über besondere Ereignisse</li><li>Briefe. E-Mails, WhatsApp</li><li>Besprechung von Portfolios</li><li>dialogorientierte Übergabe von Zeugnissen</li></ul>
Angebote für Eltern	<ul><li>Elternabende</li><li>Tag der offenen Tür</li><li>Informationsveranstaltungen (mit/ohne Referenten)</li><li>Elterngruppen/-gesprächskreise (allgemein, themenspezifisch, aktivitätsorientiert, Hobbygruppe)</li><li>Elternkurs/-training</li><li>zielgruppenspezifische Angebote (z.B. für Alleinerziehende, Väter, Eltern mit Migrationshintergrund)</li><li>Elternstammtisch</li><li>Elternsitzecke, Elterncafé</li><li>Treffpunktmöglichkeiten am Abend oder am Wochenende</li><li>Angebote von Eltern für Eltern</li><li>Elternselbsthilfe (z.B. wechselseitige Kinderbetreuung)</li></ul>
Angebote für Familien	<ul><li>Feste und Feiern</li><li>Bazare, Märkte, Verkauf von Second-Hand-Kleidung</li><li>gemeinsame Wanderungen/Ausflüge</li><li>Eltern-Kind-Kurse</li><li>Vater-Kind-Angebote</li><li>Wochenendfreizeiten</li></ul>

Elternmitarbeit	• Hospitation • Mitwirkung von Eltern bei Lernaktivitäten • Eltern als Expert/innen im Unterricht • Projekte unter Einbeziehung der Eltern • Elternmitwirkung in der Werkstatt, in der Schulbücherei, im Computerraum usw. • interaktive Hausaufgaben • Vorlesenachmittage, Leseclub • (Sprach-, Musik-, Theater- usw.) Kurse von Eltern für Schüler • außerunterrichtliche Lernzirkel • Begleitung der Klasse bei Außenkontakten • Patenschaften für andere (z.B. jüngere) Kinder • Schülernachmittagsbetreuung • Hausaufgabenhilfe
Informative Angebote	• Elternbriefe/-zeitschriften/-newsletter • Homepage • schwarzes Brett • Ausleihmöglichkeit von Erziehungsratgebern • Beratungsführer für Eltern • Auslegen von Informationsbroschüren
Elternmitwirkung	• Elternbefragung • Rückmeldebogen zu den Hausaufgaben • Elternbriefkasten • Elternvertretung • Besprechung der Ziele und Methoden der pädagogischen Arbeit • Einbeziehung in die Planung, Vorbereitung und Gestaltung besonderer Aktivitäten und Veranstaltungen • Konferenzteilnahme • Arbeitsgemeinschaften • Pausenhofgestaltung, Pflege des Schulgartens • Renovieren/Reparieren • Eltern als Fürsprecher der Schule in der Öffentlichkeit • Eltern als Vertreter der Interessen von Kindern oder der Schule in außerschulischen Gremien (im Gemeinde-/Stadtrat, in Verbänden, Initiativgruppen usw.)

Auf den folgenden Seiten sollen nun einige wichtige Formen der Bildungs- und Erziehungspartnerschaft vorgestellt werden.

Der erste Kontakt

Der frühste Eindruck prägt oft den weiteren Verlauf einer Beziehung. Deshalb kommt dem ersten Kontakt mit Eltern eine besondere Bedeutung zu. Davon ausgehend, dass beide Seiten im Grunde gewillt sind, miteinander zu kooperieren, beschreibt Frie (2006) an Beispielen, wie schon das erste Kennenlernen so gestaltet werden kann, dass sich Lehrer/innen und Eltern als gleichwertig und gleichberechtigt erleben, eine positive Grundhaltung gewinnen und bereit für eine partnerschaftliche Beziehung sind. Findet der erste Kontakt z.B. bei einem Elternabend statt, empfiehlt sie eine persönliche Begrüßung jedes Elternteils bei dessen Eintreffen, Kommunikation auf Augenhöhe (Lehrkraft sitzt im Stuhlkreis), Kontrolle der eigenen nonverbalen Kommunikation (z.B. kein „ablehnendes" Verschränken der Arme vor der Brust, kein Kopfschütteln bei Elternfragen), Beschränkung der vorgetragenen Information auf das Wesentliche und viel Zeit für Elternfragen bzw. für die Diskussion. Die Lehrkraft sollte deutlich signalisieren, dass sie ein offenes, konstruktives Gespräch wünscht.

Eine Willkommenskultur schaffen

Nach dem ersten Kontakt gilt es, die Beziehung zu den Eltern zu intensivieren. Gerade in den ersten Monaten des Schuljahres können Lehrer/innen *informelle Gesprächsanlässe* schaffen, in denen das persönliche Kennenlernen – und nicht Schulnoten, Verhaltensauffälligkeiten usw. – im Vordergrund steht. Altuntaş, Kröll und Viertel (2011) empfehlen Folgendes: „Spontane Anrufe, Gespräche, Hausbesuche, Briefe, SMS-Nachrichten, E-Mail-Kontakte usw. bringen die beiden Erziehungspartner auf der Beziehungsebene zusammen"

(S. 38). Ferner könnte die Lehrkraft zu „Geburtstagsgesprächen" einladen: „Das Kind erzählt, wie es ihm im vergangenen Jahr ergangen ist, welche Pläne es hat, welche Wünsche. Die Erwachsenen hören zu und ermuntern, stellen Fragen, loben und beglückwünschen das Kind zu seinen Fortschritten. So ... [lernt das Kind], dass es nicht um Unangenehmes gehen muss, wenn Eltern und Lehrer sich begegnen" (S. 30).

Informelle Kontakte ergeben sich vor allem dann, wenn Eltern auf dem Schulgelände präsent sein dürfen – und sie werden sich nur als Teil der Schulgemeinde fühlen, wenn sie dort auch über *eigene Räumlichkeiten* verfügen. So haben einige (Grund-, Förder-) Schulen einen Raum für Eltern bereit gestellt, wo sie beim Bringen oder Abholen ihrer Kinder kurz verweilen können. Mancherorts wurde ein *Elterncafé* eingerichtet, wo an bestimmten Tagen (einmal pro Woche, alle zwei Wochen oder einmal pro Monat) Kaffee, Tee und Sprudel angeboten werden (z.b. seitens der Elternvertretung). Dann lernen Eltern einander besser kennen, was zu einer leichteren Integration neuer Eltern, zu einem Gesprächsaustausch über die eigenen Kinder und zu wechselseitiger Beratung bei Erziehungsfragen führen kann. Besonders interessierte und engagierte Eltern können sich in dem Raum zu Gesprächs- oder Arbeitskreisen treffen. Wenn Lehrer/innen vor oder nach dem Unterricht oder bei Freistunden gelegentlich im Elternraum vorbeischauen, werden sie dort sicherlich den einen oder anderen Elternteil ihrer Schüler/innen antreffen und mit ihm einige Worte wechseln können.

Eine Lehrkraft kann ein Elterncafé auch nur für „ihre" Eltern im Klassenzimmer organisieren – z.B. als Kennenlernangebot zu Beginn des Schuljahres, zum Abschluss eines besonderen Projekts oder für eine gemeinsame Feier. Ferner kann sie die Eltern zu einer *Ausstellung bzw. Präsentation von Schülerarbeiten* einladen. Aber auch Veranstaltungen auf der Schulebene – z.B. Theater- und Orchesteraufführungen – bieten viele Gelegenheiten für Gespräche zwischen Lehrer/innen und Eltern.

Bei einer für Bayern repräsentativen Studie wurde ermittelt, *dass häufige informelle Kontakte zu einer Verbesserung der Qualität der Elternar-*

beit führen: „Gesprächsangebote und Möglichkeiten zur Einblicknahme in den Unterricht (Einladungen zu Zweier- und Dreiergesprächen, Angebote flexibler Sprechzeiten, Einladungen zu Unterrichtshospitationen und Ausstellungen von Schülerarbeiten) sind im Allgemeinen am ehesten geeignet, die Nutzungshäufigkeit formeller Kontaktmöglichkeiten (Sprechstunden, Elternabende und Elternsprechtage) zu erhöhen und indirekt zur Verbesserung der Atmosphäre und zur Erfahrung der Nützlichkeit formeller Kontakte beizutragen" (Sacher 2005, S. 150).

Bildungs- und Erziehungsverträge

An manchen Schulen werden Bildungs- und Erziehungsverträge zwischen Eltern und Lehrer/innen abgeschlossen, in denen *die jeweiligen Rechte und Pflichten* klar beschrieben werden. Sie enthalten Orientierungen, Ziele und Regeln, die grundlegend für einen erfolgreichen Bildungsprozess sind. Auch soll dokumentiert werden, dass Schule und Familie zusammenarbeiten und eine Erziehungspartnerschaft eingehen wollen. Häufig werden (ältere) *Schüler/innen als dritte Vertragspartner* einbezogen, die sich dann ebenfalls auf bestimmte Verhaltensweisen und -regeln festlegen.

Im Grunde geht es darum, dass alle Vertragspartner *Verantwortung übernehmen*. Sollen die Vereinbarungen funktionieren, müssen sich Lehrer/innen, Eltern und Schüler/innen gegenseitig respektieren und vertrauen. Der Prozess der Vertragsgestaltung erfordert außerdem ein hohes Maß an Flexibilität, Fairness und Toleranz. Auch muss die Kosten-Nutzen-Rechnung für alle drei Seiten aufgehen.

Auf jeden Fall sollte der Vertragsinhalt von den Beteiligten zu erfüllen sein: Beispielsweise können Eltern nicht direkt das Verhalten oder die Leistung ihres Kindes in der Schule beeinflussen, aber sie können in ihrer Wohnung einen ruhigen Platz für das Erledigen der Hausaufgaben einrichten. Ferner können sie sich verpflichten, an Elternabenden teilzunehmen und mindestens einmal im Jahr zu einem Termingespräch zu kommen.

30

In Einzelfällen kann zwischen Eltern, Lehrkraft und Schüler/innen auch ein *Verhaltensvertrag* abgeschlossen werden. Hierbei handelt es sich um eine Übereinkunft zur Lösung pädagogischer Probleme jeglicher Art; sie sind also z.B. bei Aggressivität sinnvoll. Im Vertrag macht das Kind konkrete Verhaltenszusagen. Ferner verpflichten sich Lehrkraft und Eltern zu genau definierten Reaktionen: Tritt beispielsweise ein erwünschtes Verhalten auf, wird es von ihnen unter bestimmten Bedingungen durch einen Verstärker belohnt. Auch kann festgelegt werden, wann Ordnungsmaßnahmen entsprechend der schulrechtlichen Vorgaben Anwendung finden.

Elternabende

Elternabende gehören zu den „klassischen" Formen der Elternarbeit. Hier können Lehrer/innen Eltern *effektiv und effizient über schulische Belange informieren, allgemein interessierende Fragen aufgreifen und familienbildende Themen abhandeln.*

Laut Frie (2006) können folgende Praxistipps einen problemlosen Verlauf von Elternabenden sicherstellen: Die Lehrkraft sollte die Stühle möglichst im Kreis aufstellen, da dies die Gleichberechtigung von Eltern und Lehrer/in signalisiere. Beim Eintreffen der Eltern heißt sie diese persönlich willkommen, möglichst an der Tür des Klassenzimmers stehend. Nach der offiziellen Begrüßung vermittelt die Lehrkraft einen Einblick in ihre Arbeit und verdeutlicht den Eltern, welche Aufgaben ihre Kinder zu bewältigen haben und wie sie ihnen dabei helfen können. Indem sie Zwischen- und Nachfragen zulässt, unterstreicht sie, dass ein partnerschaftlicher Dialog angestrebt und Elternmitwirkung begrüßt wird. Zur Vermeidung von Konflikten wird eine Kommunikationsstruktur vorgeschlagen, bei der Elternvertreter/in und Lehrkraft gemeinsam durch den Abend führen und Elternbeiträge den meisten Raum einnehmen.

Altuntaş, Kröll und Viertel (2011) empfehlen, dass Lehrer/innen schon in der Einladung zum Elternabend die Tagesordnungspunkte, die Ziele der Veranstaltung und den Zeitrahmen genau benennen. Wurde der Elternabend gemeinsam mit der Elternvertretung geplant oder wurde er von dieser initiiert, sollte die Einladung auch von den Elternbeiräten unterschrieben werden. Zudem sollten diese die Gesprächsleitung für die von ihnen vorgeschlagenen Programmpunkte übernehmen. Aber auch Schüler könnten eingebunden werden, wenn es z.b. um die Planung einer Klassenfahrt oder eines -festes geht. Wichtig wäre eine längere Pause, die informelle Kontakte zu der Lehrkraft ermöglicht und in der die Eltern miteinander reden können. Gegen Ende des Elternabends sollte Zeit für ein offenes Gespräch bleiben, bei dem die Eltern z.b. erzählen können, was (sie und) ihr Kind gerade beschäftigt. Zum Schluss können die Eltern ihre Meinung zu der Veranstaltung als „Blitzlicht", auf einem „Stimmungsbarometer" oder auf andere Weise kundtun.

Nach dem Elternabend sollte die Lehrkraft ein Protokoll erstellen (für sich selbst und die Elternvertretung), das sie auch an abwesende Eltern (per E-Mail) schicken kann. Diese könnten ein wenig später telefonisch kontaktiert und gefragt werden, ob sie das Protokoll gelesen haben und es kommentieren möchten, ob sie irgendwelche Fragen haben und welche Themen sie sich für den nächsten Elternabend wünschen. Dies erhöht die Wahrscheinlichkeit, dass sie zu der Veranstaltung auch kommen werden.

Kennen sich die Eltern noch nicht, so stellen sie sich selbst und ihr Kind beim ersten Elternabend des Schuljahres vor. Dann sollte das Gespräch miteinander im Vordergrund stehen: Wie wird der Unterricht auf dieser Klassenstufe gestaltet? Welche Inhalte sieht der Lehrplan vor? Was sind die Kriterien für Leistungsbeurteilung und Notengebung? Wie wird auf Lernprobleme eingegangen? Was ist mit den Hausaufgaben? Wie können die Eltern dabei helfen? Welche anderen Möglichkeiten der Mitarbeit haben sie?

Bei weiteren Elternabenden können beispielsweise folgende schulartspezifische Inhalte angesprochen werden:

- *Grundschule*: Beurteilung der altersgemäßen Entwicklung von Kindern, besondere Fördermaßnahmen (z.B. bei schlechten

Deutschkenntnissen), (Nach-) Mittagsbetreuung, Bedingungen/Verfahren für den Übertritt an weiterführende Schulen

- *Hauptschule*: Betreuungs- und Förderangebote, Gewalt-/ Suchtprävention, Unterstützung von Eltern bei Erziehungsschwierigkeiten, Berufsorientierung/-wahl

- *Förderschule*: Gestaltung von Förderplangesprächen, therapeutische Dienste, Koordination und Weiterentwicklung der Fördermaßnahmen, Unterstützung und Beratung der Eltern, Betreuungsangebote

- *Realschule*: Unterstützung der Eltern bei Motivations- und Leistungsproblemen, Berufsorientierung/-wahl

- *Gymnasium*: Fächerwahl, Leistungskurse, Schüleraustausch, Möglichkeiten zur Unterstützung des schulischen Lernens durch die Eltern

- *Berufliche Schulen*: Probleme am Ausbildungsplatz, Bewerbung und Arbeitsplatzsuche, Gewalt-/Suchtprävention

Elternabende mit einem längeren Lehrervortrag treffen nur selten auf das Interesse von Eltern. Deshalb sollte prinzipiell viel Zeit für die Diskussion gelassen werden. Manche Lehrkräfte gestalten Elternabende zu *Gesprächskreisen* um oder bieten diese zusätzlich an (auch in der Form eines *Elternstammtischs*). Hier können viele Themen von den Eltern (spontan) eingebracht werden, steht das Gespräch miteinander im Vordergrund.

Elternvertretung

In allen Bundesländern haben Eltern Mitbestimmungsrechte, die sie z.B. in *Klassenelternversammlungen* und über die Wahl des *Klassenelternsprechers* ausüben. In Gesetzen und Verordnungen wird genau festgelegt, welche Rechte und Pflichten *Mitwirkungsorgane der Eltern auf Klassen-, Schul- und Landesebene* haben. Elternvertreter/innen sollen z.B. das Vertrauensverhältnis zwischen Eltern und Lehrkräften vertiefen, Interessen der Familien wahren, besondere Veranstaltungen zur Unterrichtung der Eltern und zur Aussprache durchführen sowie Wünsche, Anregungen und Vorschläge von Eltern beraten und gegenüber der Lehrerschaft oder auf überregionaler Ebene einbringen. Auch können Elternbeiräte an der Entwicklung eines Schulprofils bzw. -leitbilds, an der Gestaltung der Haus- und Pausenordnung, am Festlegen von Verhaltensrichtlinien für die Schüler/innen oder an der Planung und Durchführung von Festen und anderen Schulveranstaltungen mitwirken.

Die Schulleitung ist rechtlich verpflichtet, die Elternvertretung frühzeitig über bestimmte Angelegenheiten zu unterrichten, für deren Arbeit notwendige Auskünfte zu erteilen und Anträge binnen einer angemessenen Frist zu prüfen. Ähnliches gilt für übergeordnete Behörden bzw. Gremien. Schulleitung und Lehrerschaft sollten die Anregungen der Elternbeiräte ernst nehmen, sich mit ihnen beraten und sinnvolle Vorschläge gemeinsam umsetzen.

Die Namen der Elternvertreter/innen auf der Klassen- und Schulebene, in Ausschüssen und in regionalen Gremien *sollten auf der Homepage der jeweiligen Schule veröffentlicht werden,* falls diese damit einverstanden sind. Dann wissen die Eltern, an wen sie sich mit ihren Anliegen wenden können. Dasselbe gilt für den Fall, dass an einer Schule ein *Integrationsbeirat* eingerichtet wurde, der die Interessen von Familien mit Migrationshintergrund vertreten, als ihr Ansprechpartner wirken und ihre Integration fördern soll.

Tag der offenen Tür

Diese Veranstaltung soll es Eltern ermöglichen, *Einblick in das Schulleben* zu nehmen. Beispielsweise kann die Schulleitung das pädagogische Konzept und das Profil der jeweiligen Schule vorstellen. Ferner können Informationsgespräche mit Lehrer/innen, Eltern- und Schülervertretern angeboten werden. Das Programm des Tages der offenen Tür sollte darüber hinaus Elemente enthalten, welche die

Veranstaltung für möglichst viele Eltern attraktiv machen. Dazu können *Führungen durch die Schule*, *Ausstellungen* von Bildern und anderen Schülerarbeiten, *Vorführungen* physikalischer oder chemischer Versuche sowie Veranstaltungen zum Mitmachen gehören (z.b. im Sprachlabor, am Computer, in der Sporthalle). Gibt es an der Schule ein Orchester, einen Chor, eine Band, eine Theater- oder Tanzgruppe, können diese das Programm mit *Aufführungen* bereichern.

Weiterführende Schulen können einen *Tag der offenen Tür speziell für die Eltern der Viertklässler* an Grundschulen anberaumen, die vor der Entscheidung stehen, in welche Schule ihr Kind wechseln soll. Neben Vorträgen und individuellen Gesprächsangeboten kann den Eltern die Möglichkeit geboten werden, in verschiedenen Klassen während des Unterrichts zu hospitieren und so „hautnah" die Atmosphäre an der Schule kennenzulernen. Ferner kann das Betreuungsangebot vorgestellt werden. Ein Tag der offenen Tür kann auch von beruflichen Schulen veranstaltet werden, *um zukünftigen Schüler/innen und deren Eltern* die verschiedenen Fachbereiche und Ausbildungsgänge zu präsentieren.

Elterninformation

Prinzipiell sollten Schulkonzepte, -programme, -ordnungen und ähnliche Texte allen Eltern zugänglich gemacht werden – entweder in gedruckter Form oder im Internet. Die *Homepage* der Schule kann zu einem wichtigen Informationskanal werden, wenn Eltern hier wichtige Termine erfahren, Berichte aus dem Schulleben lesen, Sprechstundenzeiten der Lehrer/innen abrufen, praktische Tipps zur Erziehung ihrer Kinder und zur Hausaufgabenbetreuung erhalten sowie bei Problemen Adressen von Beratungsstellen und anderen psychosozialen Diensten vorfinden. Einige Seiten der Homepage können von der Elternvertretung gestaltet werden. Ferner kann ein Forum der Elternschaft als Diskussionsplattform dienen.

Alle Lehrer/innen sollten über das Internet erreichbar sein. Wenn sie die E-Mail-Adressen der Eltern erfassen, sind nicht nur individuelle Kontakte möglich, sondern es können z.B. auch Elternbriefe als *Newsletter* verschickt werden. Dann besteht die Gewähr, dass sie bei den Eltern ankommen – werden sie den Schüler/innen mitgegeben, ist dies nicht immer der Fall.

Elternbriefe können beispielsweise wichtige Termine (z.B. des Elternsprechtags oder des nächsten Elternabends), Berichte über das Schulleben, die jeweilige Klasse bzw. den Unterricht betreffende Informationen sowie Beiträge zu pädagogischen Themen enthalten. Falls sie von der Schule an *alle* Eltern verschickt werden (also nicht nur an die Elternschaft einer Klasse), macht es Sinn, wenn sie für Eltern mit Migrationshintergrund übersetzt werden.

Hospitation im Unterricht

Können Eltern in der Schule hospitieren, dann erleben sie, wie Lehrer/innen versuchen, bestimmte Lernziele zu erreichen, wie sie Inhalte didaktisch aufbereiten und welche Methoden sie einsetzen. Auch beobachten sie, wie Lehrkräfte die Lernmotivation der Schüler wecken und aufrechterhalten, wie sie mit verhaltensauffälligen Kindern umgehen und wie sie Konflikte lösen. Sie erhalten einen *realistischen Einblick in den Unterricht* – was keine noch so ausführliche Broschüre oder kein noch so guter Elternabend leisten kann. Dies ist insbesondere für Eltern mit Migrationshintergrund wichtig, die selbst keine deutschen Schulen besucht haben. Hospitierende Eltern lernen die Lehrer/innen besser kennen, erkennen ihre besonderen Kompetenzen und entwickeln Wertschätzung und Hochachtung für ihre Leistungen in einem zumeist recht schwierigen Umfeld.

Während der Hospitation *machen Eltern viele Lernerfahrungen*: Aus der Beobachtung des Umgangs der Lehrer/innen mit Schüler/innen – also an deren *Vorbild* – lernen sie beispielsweise, wie man Kindern altersgemäß Wissen vermittelt, wie man Denkprozesse stimuliert, wie man Unterrichtsmaterialien sinnvoll verwendet, wie man Regeln setzt und deren Einhaltung überwacht und wie man mit Aggressivität, Hyperaktivität oder anderen Verhaltensproblemen umgeht. Vie-

36

le dieser Lernerfahrungen übertragen sie auf die Familienerziehung – eine Hospitation kann also durchaus *elternbildend* wirken. Die Anwesenheit von Eltern im Unterricht kann natürlich auch dazu führen, dass die Arbeit der Lehrer/innen hinterfragt wird. Jedoch sollten kritische Äußerungen nicht als „Einmischung" abgelehnt oder als „Angriff" verstanden werden. Viel sinnvoller ist es, solche Gespräche zu nutzen, um die Lehrplanvorgaben, die Unterrichtsziele, Grundsätze der Didaktik und Methodik, mit bestimmten Aktivitäten verbundene Lernerfahrungen, das eigene Verhalten u.Ä. zu erläutern. Auf diese Weise erwerben Eltern entwicklungspsychologische und pädagogische Kenntnisse.

Elternmitarbeit

Bildungspartnerschaft impliziert die Mitarbeit von Eltern in der Schule. So können Eltern *als außerschulische Experten in den Unterricht eingebunden werden*. Wenn Lehrer/innen zu Beginn des Schuljahres Eltern um genauere Informationen über ihre Berufe, Hobbys, besonderen Talente und Interessen bitten, können sie in den kommenden Monaten immer wieder bei der Unterrichtsplanung prüfen, ob nicht der eine oder andere Elternteil einen substanziellen Beitrag zum Lernerfolg leisten könnte. So kann z.B. eine Schriftstellerin den Deutsch-, ein Förster den Biologie-, eine Technikerin den Physik-, ein Hobby-Töpfer den Kunst-, eine Migrantin den Geographie-, ein Gitarre spielender Elternteil den Musik- oder ein Tischler den Werkunterricht mit seinem/ihrem Fachwissen und seinen/ihren praktischen Fähigkeiten bereichern. *Insbesondere die Projektarbeit bietet viele Möglichkeiten einer intensiven Einbindung von Eltern.* Werden sie an der Projektplanung beteiligt, können sie eigene Ideen äußern und Aufträge übernehmen – beispielsweise Bücher, Materialien und Werkzeuge zu besorgen oder Besuchstermine bei Handwerksbetrieben, Firmen und kulturellen Einrichtungen zu vereinbaren. Eltern können auch im Verlauf eines Projekts tätig werden, also z.B. Kleingruppen bei bestimmten Aktivitäten anleiten, sich als Interviewpartner/innen zur Verfügung stellen oder berufliche Kompetenzen einbringen. Schließlich können sie in die Evaluation eines Projekts einbezogen werden.

Auf diese Weise lernen Eltern *am Vorbild der Lehrkräfte*, wie komplexe und vielfältige Bildungsprozesse geplant, initiiert und gelenkt werden, wie die Bedürfnisse und Interessen von Schüler berücksichtigt werden, wie diese an Entscheidungen beteiligt werden und auf welche Weise ihre Lernmotivation aufrecht erhalten wird. Wenn Eltern während eines Projekts am Unterricht mitwirken oder Kleingruppen bei bestimmten Aktivitäten anleiten, ist sogar „learning by doing" möglich – mit Rückmeldung durch die Lehrer/innen.

Wenn Eltern ihr Wissen und ihre Kompetenzen in die Schule einbringen, *erweitert sich das Bildungsangebot. Zudem wird der Unterricht interessanter und abwechslungsreicher.* Die Kinder profitieren in ihrer Entwicklung, weil sie neben den Lehrer/innen andere Erwachsene als Gesprächspartner und als Vorbild haben. Mitwirkende Väter dienen auch als Rollenmodelle, was vor allem für Grundschüler/innen wichtig ist – die ersten zehn Lebensjahre werden weitgehend in einem „weiblichen Biotop" verbracht; männliche Vorbilder fehlen, da Kinder überwiegend von ihren Müttern, von Erzieher*innen* und Grundschullehrer*innen* erzogen werden. Dank der Elternmitarbeit erfahren Schüler/innen auch mehr Stimulation, Anleitung und Förderung. Durch die intensivere Interaktion mit Erwachsenen wird ihre sprachliche und kognitive Entwicklung beschleunigt. Ferner erwerben sie soziale Kompetenzen durch den Umgang mit zuvor unbekannten Erwachsenen.

Weitere Formen der Bildungspartnerschaft, die in den letzten Jahren an Schulen eingesetzt wurden, sind beispielsweise:

- Gestaltung von *Lesenachmittagen* und ähnlichen Veranstaltungen durch Eltern.
- *freiwillige Arbeitsgemeinschaften bzw. Neigungsgruppen*, in denen Schüler/innen von den beruflichen Kompetenzen oder den Hobbys von Eltern profitieren.

- *Sprachkurse,* die von Eltern mit Migrationshintergrund durchgeführt werden.

- *Musik-, Kunst- und Theaterdarbietungen* unter Leitung oder Mithilfe von Eltern.

- *Hausaufgabenbetreuung* durch Eltern, eventuell verbunden mit Nachhilfe.

- Unterstützung von außerunterrichtlichen *Lernzirkeln* und Lernnachmittagen durch Eltern.

- *Erleichterung von Transitionen,* indem z.b. vor dem Übergang von der Grundschule in weiterführende Schulen Eltern zu Elternabenden eingeladen werden, die an diesen Schulen als Lehrer/innen tätig sind oder dort ältere Kinder haben, um über die Übergangsphase, die Unterrichtsinhalte, die Anforderungen, die Wahlmöglichkeiten usw. zu informieren.

- Angebote zur *Berufsvorbereitung,* bei denen Eltern in den Unterricht kommen, um ihre Berufe vorzustellen oder zu beschreiben, was an ihrer Arbeitsstelle von Auszubildenden erwartet wird. Oft können sie auch Praktika vermitteln.

Solche und ähnliche Veranstaltungen nutzen die besonderen Kenntnisse und Kompetenzen von Eltern für die Bildung der Schüler/innen. Sie können ohne größeren Aufwand organisiert werden. Allerdings sind die Einsatzmöglichkeiten berufstätiger Eltern während des Schultages sehr begrenzt, da sie zumeist Urlaub oder Zeitausgleich nehmen müssen. Neben den immer weniger werdenden nicht berufstätigen oder Teilzeit arbeitenden Eltern kann oft aber auch auf *Großeltern* bzw. *Senioren* zurückgegriffen werden.

Elternmitarbeit ist ferner außerhalb der Bildungspartnerschaft sinnvoll: So können Eltern als *Begleitpersonen* bei Unterrichtsgängen, Exkursionen und Klassenfahrten eingesetzt werden. Sie können (teilweise) die *Nachmittagsbetreuung* der Schüler/innen, die *Essensausgabe* in der Schulkantine oder die *Buchausleihe* in der Schulbibliothek übernehmen. In Zeiten knapper Kassen finden sich immer wieder Eltern, die Klassenzimmer und Flure *renovieren*, den *Pausenhof* neu gestalten, den *Schulgarten* pflegen, eine schönere *Homepage* für die Schule erstellen oder ein *Schullogo* entwerfen. Sie können *Schulfeste* organisieren, für einen *Basar* basteln oder für einen *Flohmarkt* sammeln, auf dem Eltern z.B. Kinderkleidung, Spielzeug oder Bücher preiswert erwerben können.

Laut Frie (2006) sollten Eltern keinesfalls für reine „Handlangerdienste" eingesetzt werden, sondern immer als Kooperationspartner und aktiv Mitgestaltende. Ihre Ideen und Vorschläge müssten aufgegriffen werden. Gerade Schulfeste wären auch eine gute Gelegenheit, Eltern mit Migrationshintergrund einzubinden. Schließlich ist wichtig, dass immer das Engagement der Eltern gewürdigt wird, z.B. durch anerkennende Worte bei Schulveranstaltungen, Fotos auf der Homepage der Schule, Urkunden oder Zeitungsartikel.

Wenn Eltern in der Schule mitarbeiten, lernen sie die Lehrkräfte besser kennen – die Gespräche werden offener, informeller und vertrauensvoller. Zudem übernehmen sie als Mitwirkende auch Mitverantwortung. Manche Eltern werden dann zu *Fürsprechern der Schule* in der Öffentlichkeit oder in kommunalen Gremien. Andere engagieren sich in einem *Förderverein*, der die Schule, besondere Elternaktivitäten oder bedürftige Schüler (z.B. bei Klassenfahrten) finanziell unterstützt.

Die Re-Delegation von Erziehungsverantwortung

Wie am Anfang dieses Buches beschrieben wurde, haben Eltern berufsbedingt immer weniger Zeit für ihre Kinder, werden deren Erziehung und Bildung zunehmend vergesellschaftet, delegieren Eltern aus ganz unterschiedlichen Gründen immer mehr Erziehungsverantwortung an Lehrer/innen. Die Sozialisationsinstanz „Familie" mit ihrem großen Einfluss auf die Entwicklung und den Schulerfolg von Kindern kann aber nicht durch Bildungseinrichtungen ersetzt werden. So sollte die Schule Familien helfen, ihre Bildungs- und Erziehungsmacht zurückzugewinnen und sinnvoll auszuüben. Hierzu leisten Lehrer/innen einen Beitrag, wenn sie zunächst den Eltern verdeutlichen, dass ihnen immer noch genügend Zeit für die Familienerziehung zur Verfügung steht – sie müssen sich diese nur nehmen. So kann Tabelle 3 durchaus als „Gegenrechnung" zu Tabelle 1 (siehe S. 16) verstanden werden.

Tabelle 3: Berufstätige Eltern: Was bleibt an Familienzeit?	
Das Jahr hat 365 x 24 Stunden:	8.760 Stunden
Eltern verbringen 365 x 8 Stunden im Schlaf:	- 2.920 Stunden
Sie benötigen 230 x 10 Stunden für die Vollzeiterwerbstätigkeit bzw. für die Hin- und Rückfahrt:	- 2.300 Stunden
	= 3.540 Stunden
Nehmen sich Eltern 365 x 2 Stunden als private Freizeit ...	- 730 Stunden
... dann bleiben als Familienzeit:	= 2.810 Stunden
oder 7 Stunden und 41 Minuten pro Tag!	

In diese sieben Stunden 41 Minuten pro Tag fällt natürlich die Zeit für Hausarbeit, Einkäufe, die Nutzung alter und neuer Medien usw. Dennoch sollte genügend Zeit für die Kinder übrig bleiben – zum einen als *Qualitätszeit*, die Eltern bewusst mit ihren Kindern verbringen, um mit ihnen zu reden, zu spielen oder zu lernen, und zum anderen als *Gemeinschaftszeit*, in der die Familienmitglieder beieinander sind, aber *nicht* kindbezogene Aktivitäten wie z.B. gemeinsame Mahlzeiten, Ausflüge oder Besuche im Vordergrund stehen.

Die Lehrer/innen müssen vielen Eltern erst wieder bewusst machen, dass sie sowohl die Qualitätszeit als auch die Gemeinschafts-

zeit für die Förderung der Entwicklung ihrer Kinder nutzen können. Oft müssen sie ihnen zeigen, welche Alltagsaktivitäten, Spiele
und Beschäftigungen für die informelle Bildung ihrer Kinder rele-
vant sind (Dernick/Küstenmacher 2020). Darüber hinaus ist es in
manchen Fällen nötig, auch auf Erziehungsunsicherheit, Erziehungsfehler und problematische Erziehungsstile einzugehen sowie
den Eltern die Notwendigkeit einer gesunden Ernährung und von
ausreichend Schlaf zu verdeutlichen. Auf diese Weise delegieren
Lehrer/innen einen Teil der ihnen übertragenden Erziehungsverantwortung an die Eltern zurück.

Beeinflussung von Bildungsprozessen in der Familie

Je mehr die Familie als „Ko-Produzent" von Bildung wahrgenommen und je intensiver die Kooperation mit ihr wird, umso mehr
müssen Lehrer/innen die Lernziele mit den Eltern abstimmen. Ferner sollten sie versuchen, *Bildungsangebote in die Familien hineinzutragen*.
So können beispielsweise Väter und Mütter aufgefordert werden,
Unterrichtsthemen zu Hause aufzugreifen und zu vertiefen, indem
Kindern Texte und Materialien mitgegeben werden, die den schulischen Lernstoff ergänzen. Oder die Schüler/innen werden mit dem
Auftrag nach Hause geschickt, ihre Eltern zu einem bestimmten
Thema zu interviewen, mit ihnen ein Experiment durchzuführen,
mit ihnen etwas herzustellen oder mit ihnen in einer Bibliothek bzw.
im Internet nach bestimmten Sachinformationen zu suchen. Auf
diese Weise wird erreicht, dass Eltern und Kinder über Unterrichtsinhalte sprechen und ergänzende Aspekte gemeinsam erarbeiten.

Ferner können (Grundschul-) Lehrer/innen gute Kinderbücher,
Lernspiele, Unterrichtsmaterialien, DVDs u.a. zusammenstellen, die
Schüler/innen ausleihen und daheim zusammen mit ihren Eltern
verwenden können. Aber auch Werkzeuge, Instrumente, (histori-
sche) Geräte, Naturmaterialien und andere Objekte mit Bildungspo-
tenzial könnten seitens der Schule bereit gestellt werden. So zeigt
ein Film von Elschenbroich und Schweitzer (2008) eindrucksvoll,

wie Eltern Gegenstände aus solchen „Wunderkammern des Wissens" zu Hause einsetzen: Gemeinsam mit den Kindern werden Baumscheiben auf Jahresringe untersucht, wird Obst auf Balken- und Küchenwaage gewogen, wird mit der Stoppuhr das Zeitmessen mit der Sanduhr überprüft, werden Kleidungsstücke wie früher mit Waschbrett und Kernseife am Bach gewaschen, werden Magnete ausprobiert, wird ein Stethoskop eingesetzt usw. In dem Film wird gezeigt, in welcher Ruhe Eltern mit ihren Kindern arbeiten, wie viel Spaß ihnen das Experimentieren in einem „Forscherteam" macht, wie sie von ihrem „Weltwissen" abgeben und wie behutsam sie das Lernen ihrer Kinder anleiten.

In den letzten Filmszenen reflektieren die Eltern ihre Erfahrungen: Sie haben festgestellt, wie wichtig es ist, sich für ihre Kinder Zeit zu nehmen, mit ihnen alltägliche Aktivitäten durchzuführen und ihnen die Dinge in ihrem Umfeld in Ruhe zu erklären. Sie haben sich selbst als Lehrende erfahren und sich in den Lernsituationen positiv erlebt. Und sie haben ihre Kinder neu entdeckt: wie lange sich diese z.B. mit einem Gegenstand beschäftigen und was sie mit ihm alles machen können. So wurde die Bildungsfunktion der Familien intensiviert.

In den USA wird seit Jahren mit sogenannten „*interaktiven Hausaufgaben*" gearbeitet, die Lehrer/innen unter Berücksichtigung der Interessen von Eltern und Kindern entwickeln und die von Letzteren im Gespräch miteinander erledigt werden müssen (Bailey et al. 2004): Beispielsweise sollen Schüler/innen einen Aufsatz erstellen, bei dem sie auf das Wissen ihrer Eltern zurückgreifen müssen, mit ihnen über ein bestimmtes Thema oder einen Text diskutieren, gemeinsam Gedichte verfassen, Vaters Lieblingsbuch besprechen, einen Kochvorgang beschreiben, chemische Experimente mit in jedem Haushalt vorhandenen Materialien durchführen, das Wetter am Wochenende dokumentieren, etwas Bestimmtes in der Natur beobachten, die Zusammensetzung von Lebensmittelprodukten erfassen usw. Ergänzend werden mancherorts „homework workshops" angeboten, in denen Eltern lernen, wie sie mit solchen interaktiven Hausaufgaben umgehen sollen. Dabei geht es auch um das

Erlernen von Fragetechniken, die Kinder zum Nachdenken anregen. Bei Workshops an Grundschulen wird besonders betont, wie Eltern das Lesen ihrer Kinder fördern können.

Ansonsten sollten Lehrer/innen möglichst schon beim ersten Elternabend des Schuljahres den Eltern mitteilen, wie sie sich eine *sinnvolle Hausaufgabenbetreuung* und Prüfungsvorbereitung vorstellen. Je nach Alter der Schüler/innen und je nach Schulform wird es hier unterschiedliche Erwartungen geben. Auch können (Grundschul-) Lehrkräfte Elternbriefe und Checklisten zur Hausaufgabenbetreuung oder Lese- und Kopfrechenpässe zur Verfügung stellen, wie sie z.B. von Staatsinstitut für Schulqualität und Bildungsforschung (2013) erarbeitet wurden.

Werden *Hausaufgabenhefte* geführt, so kann mit den Eltern vereinbart werden, dass sie neue Eintragungen abzeichnen. Dies erhöht die Wahrscheinlichkeit, dass sich auch Eltern um die Hausaufgaben kümmern, die sich ansonsten wenig für die Schulleistungen ihrer Kinder interessieren.

In diesem Zusammenhang ist wichtig, dass Hausaufgabenbetreuung nicht als „strenge Kontrolle" verstanden wird. Vielmehr sollten Eltern das Lernen ihrer Kinder überwiegend positiv verstärken, sie also ermutigen und viel loben. Auch sollten sie Interesse an den Unterrichtsinhalten, Lernerfahrungen und Erlebnissen ihrer Kinder in der Schule zeigen.

Inzwischen wurde nachgewiesen, dass Mutter-/Vater-Kind-Interaktionen im Zusammenhang mit dem Erledigen von Hausaufgaben das Interesse an Bildung auf beiden Seiten fördern und beim Kind zu besseren Schulleistungen führen (Bailey et al. 2004). Gerade in der Bundesrepublik sollten die hierin liegenden Chancen genutzt werden, da sich deutsche Eltern mehr als Eltern in anderen Ländern bei der Hausaufgabenbetreuung engagieren und häufig ihre Kinder vor Klassenarbeiten und Prüfungen intensiv unterstützen (auch durch das Bezahlen von Nachhilfestunden). Diese Elternleistungen werden von der Schule vorausgesetzt – sie sollten aber auch entsprechend gewürdigt werden!

Familienbildung

Wie bereits erwähnt, sind viele Eltern hinsichtlich der Erziehung ihrer Kinder verunsichert, machen manche Eltern Erziehungsfehler oder unterstützen die Entwicklung ihrer Kinder nicht genügend. Für sie sind familienbildende Maßnahmen gedacht, die mehr als bisher an Schulen durchgeführt werden sollten, *da hier alle Eltern erreicht werden können*. Relevante Angebote, die auch auf Honorarbasis von Psycholog/innen, Sozialpädagog/innen, Sozialarbeiter/innen und anderen qualifizierten Fachleuten durchgeführt werden können, sind beispielsweise:

- *Elternkurse*, in denen nicht nur Wissen über die Erziehung und Bildung von Kindern in der Familie vermittelt wird, sondern auch Fähigkeiten gefördert werden. Die meisten Elterntrainings wollen *generell* die Erziehungskompetenz von Eltern stärken; andere Kurse befassen sich hingegen mit besonderen Problemen wie z.B. Eltern-Kind-Konflikten.

- *Pädagogische Workshops für Eltern*, z.B. zu folgenden Themen: „Wie können Eltern das schulische Lernen fördern?", „Hausaufgabenbetreuung – aber richtig!", „Wie können sich Schüler/innen auf eine Klassenarbeit vorbereiten?".

- *Einzelveranstaltungen für Eltern*, z.B. zu Themen wie: „Der Grundschullehrplan", „Wie kann ich meinem Kind den Übergang von der Grundschule auf eine weiterführende Schule erleichtern?", „Gefahren des Internets", „Wie unterstütze ich mein Kind bei der Berufswahl?".

- *Elterngruppen*, bei denen das Gespräch miteinander im Vordergrund steht: Die Eltern diskutieren Fragen und Probleme, die sie beschäftigen, und beraten sich gegenseitig. Gesprächskreise können aber auch von Fachleuten geleitet werden, die den Eltern als kompetente Ansprechpartner zur Verfügung stehen.

- *Pädagogische Abende für Lehrer/innen und Eltern*, also Gespräche mit Expert/innen zu Themen wie „Pubertierende Kinder in Familie und Schule" oder „Suchtprävention – ein gemeinsames Unterfangen".

- *gemeinsame Fortbildungen für Lehrer/innen und Eltern*, z.B. zum Thema „Kommunikation und Konfliktlösung" (ein Baustein könnten Techniken der Gesprächsführung sein).

- *Wochenendfreizeiten* für Eltern und Kinder, an denen möglichst auch die (Klassen-) Lehrer/innen teilnehmen sollten. Bei jüngeren Schüler/innen können neben Elterngesprächskreisen gemeinsame Aktivitäten im Mittelpunkt stehen. Jugendliche können sowohl separat als auch mit Eltern und Lehrkräften bestimmte Themen diskutieren.

- *Angebote für besondere Zielgruppen:* Für Eltern mit Migrationshintergrund können z.B. Veranstaltungen zur bilingualen Erziehung durchgeführt, für Eltern mit Erziehungsproblemen und für Scheidungsfamilien Beratungsangebote in Gruppenform gemacht sowie für Eltern mit behinderten Kindern Selbsthilfegruppen initiiert werden.

Bei solchen Maßnahmen bietet sich eine Kooperation mit Familienbildungsstätten, Jugendämtern, Volkshochschulen und ähnlichen Einrichtungen an. Ihre Mitarbeiter/innen können Angebote selbst durchführen oder kennen die in der Region wohnenden Kursleiter/innen und Referent/innen. Mit ihnen zusammen kann im Idealfall ein umfassendes Familienbildungsprogramm ohne großen Aufwand aufgebaut werden. Dies hat zum einen den Vorteil, dass *durch den Einsatz externer Fachleute die Angst von Eltern gemildert* wird, es könne sich negativ auswirken, wenn Lehrer/innen von Erziehungsschwierigkeiten oder Familienproblemen erfahren. Zum anderen können durch die Kooperation mit den vorgenannten Einrichtungen *die Kosten relativ niedrig gehalten werden*, da z.B. eine Förderung von Veranstaltungen nach dem Erwachsenenbildungsgesetz des jeweiligen Bundeslandes oder mit Mitteln der Jugendhilfe möglich ist.

Bei den derzeitigen Maßnahmen der Elternbildung steht allerdings die Familien*erziehung* im Vordergrund; auf die Bildungsfunktion wird eher am Rande eingegangen. Dieses Manko ist bisher kaum wahrgenommen worden, und so finden Eltern nur selten Angebote, die sich speziell auf die Förderung der sprachlichen und kognitiven Entwicklung von Kindern, die Weckung von Lesefreude (Literacy), die Vermittlung lernmethodischer Kompetenz oder positive Formen der Hausaufgabenbetreuung beziehen. So sollten sich elternbildende Angebote an Schulen auch mit der Bildungsfunktion von Familien befassen. „Es gilt, vor allem folgende *bildungsrelevante Merkmale zu fördern*:

1. eine qualitativ gute Kommunikation zwischen Eltern und Kindern (also auch bezogen auf Wortschatz, Begriffsverständnis, Komplexität von Sätzen usw.),

2. Unterstützung des (Klein-) Kindes bei der Erkundung der Welt und bei der Aufnahme sozialer Beziehungen,

3. bildende Aktivitäten in der Familie, z.b. Beschäftigung mit Lernspielen, Vorlesen, Experimentieren, Gespräche über Fernsehfilme, Bücher, naturwissenschaftliche Themen oder politische Ereignisse,

4. eine positive Einstellung zu Lernen und Leistung, zu Kindertageseinrichtung, Schule und Berufsausbildung bzw. Studium,

5. positive Interaktionen über das, was in der Schule und im Unterricht passiert, Unterstützung bei den Hausaufgaben, ein hohes Anspruchsniveau hinsichtlich Schulleistung und -abschluss,

6. ein enger Kontakt zwischen Eltern und Erzieher/innen bzw. Lehrer/innen, damit erstere wissen, wie sie außerfamiliale Bildungs- und Erziehungsbemühungen zu Hause unterstützen können" (Textor 2005, S. 156).

Als Grundlage für einen solchen Kurs kann z.B. auf das Buch „Hausaufgaben ohne Stress. Die besten Tipps für entspanntes Lernen zu Hause" zurückgegriffen werden (Rammert/Wild 2014), in dem es um die eigene Einstellung zu Hausaufgaben, die Ziele häuslichen Lernens im Kontext anderer Erziehungsziele, die Förderung des Lernverhaltens und der intrinsischen Motivation, die Unterstützung des Kindes bei Lern-Unlust und das Erkennen von Lernstörungen geht. Ergänzend könnte ein Buch wie „Grundschule für Eltern: Was Sie wissen müssen, um Ihr Kind zu unterstützen" (Essigkrug/Schiekel 2020) eingesetzt werden, in dem z.B. relevante Erkenntnisse der Hirnforschung skizziert, unterschiedliche Lerntypen unterschieden, Lernmethoden beschrieben und Lerntipps gegeben werden. Ferner wird ausführlich auf die verschiedenen Lernbereiche der Grundschulfächer „Deutsch" und „Mathe" eingegangen.

Planung und Organisation von Angeboten der Elternarbeit

Obwohl Elternmitwirkung *eine gesetzliche Vorgabe und ein politisches Ziel* ist, wird an manchen Schulen der Kooperation mit Familien noch zu wenig Bedeutung beigemessen. An anderen Schulen sind die Lehrkräfte nicht bereit, den damit verbundenen Zeit- und Arbeitsaufwand zu leisten, da er ihnen als zu hoch erscheint bzw. nicht (genügend) durch Freistunden ausgeglichen wird. Deshalb erfahren Lehrer/innen oft Kritik seitens ihrer Kolleg/innen, wenn sie sich alleine auf den Weg machen, eine Bildungs- und Erziehungspartnerschaft zu „ihren" Eltern aufzubauen. Es ist somit besser, wenn zunächst im Kollegium *eine positive Haltung gegenüber der Kooperation mit Eltern* erarbeitet und dann gemeinsam nach Wegen zu deren Umsetzung gesucht wird.

Diesen Prozess zu initiieren und zu steuern, ist eine *zentrale Aufgabe der Schulleitung.* Dabei muss sie gemeinsam mit dem Lehrerkollegium klären, welche der in diesem Kapitel genannten Formen der Erziehungs- und Bildungspartnerschaft von der jeweiligen Schule angeboten werden sollen. Bei der Auswahl gilt es, den Bedürfnissen,

Erwartungen und Interessen der Familien vor Ort zu entsprechen. Das bedeutet, dass Schulleitung und Lehrerkollegium zunächst im Rahmen einer *Situations- und Bedarfsanalyse* die Lebenslagen und Wünsche der Eltern erfassen sollten. Dies kann z.B. bei Elternabenden geschehen, aber auch per *Fragebogen*. Letzteres ist eine sehr effektive und effiziente Methode, insbesondere wenn die Antworten vorformuliert sind und nur noch angekreuzt werden müssen.

Die Notwendigkeit einer Situations- und Bedarfsanalyse ergibt sich daraus, dass in den letzten Jahrzehnten die Komplexität der Elternschaft zugenommen hat: Zum einen hat sich die deutsche Gesellschaft weiter ausdifferenziert, zum anderen sind immer neue Gruppen von Migrant/innen dazu gekommen. Dies bedeutet einerseits, dass sich die Elternschaften selbst von Klassen an derselben Schule, von Schulen des gleichen Typs oder von benachbarten Schulen stark voneinander unterscheiden können, und andererseits, dass die Elternschaft einer Klasse bzw. Schule ein ganz heterogenes Gemisch von Familien aus unterschiedlichen Milieus, mit verschiedenen Stärken und Schwächen, Bedürfnissen und Interessen, Kompetenzen und Problemen ist.

Somit können nicht alle Schulen bzw. an einer Schule alle Klassen dieselben Formen der Elternarbeit praktizieren, können nicht alle Eltern durch dasselbe Angebot erreicht werden. Vielmehr gilt es, auf der Grundlage einer *schulspezifischen Konzeption* der Bildungs- und Erziehungspartnerschaft ein *auf die einzelne Klasse abgestimmtes Angebot* zu entwickeln. Wie Tabelle 2 (siehe S. 26 f.) verdeutlicht, kann dabei zwischen einer Vielzahl von Formen der Elternarbeit gewählt werden, die in ihrer Bandbreite der Heterogenität der Elternschaft entspricht. So muss für jede Schule bzw. Klasse eine individuelle Auswahl getroffen werden. Selbst wenn die einzelnen Angebote nur von wenigen Eltern genutzt werden, sollten durch die Gesamtheit der Angebote nahezu alle Eltern erreicht werden – sowohl solche, die sich z.B. mehr für pädagogische Themen interessieren, als auch solche, die lieber etwas Praktisches machen, sowohl solche, die eher nachmittags Zeit haben, als auch solche, die nur am Abend oder am Wochenende kommen können (etc.).

Das bedeutet einerseits, dass in der Regel immer nur ein Teil der Eltern ein bestimmtes Angebot nutzen wird. Lehrer/innen dürfen nicht enttäuscht sein, weil sie mit einer Veranstaltung nicht *alle* Eltern erreicht haben – dies ist nur durch die Gesamtheit der in der Schule praktizierten (ganz unterschiedlichen) Formen der Erziehungs- und Bildungspartnerschaft annähernd möglich. Andererseits dürfen Eltern nicht abqualifiziert werden, weil sie bestimmte Angebote nicht nutzen – *jede* Form der Beteiligung von Eltern sollte akzeptiert, begrüßt und anerkannt werden.

Wichtig ist, dass nicht zu viele Veranstaltungen angeboten werden, weil ansonsten die Teilnehmerzahlen schrumpfen, da Eltern nur eine begrenzte Zeit für deren Besuch zur Verfügung haben. Dieses Zeitkontingent wird in den kommenden Jahren eher noch schrumpfen, da immer häufiger beide Elternteile (voll-) erwerbstätig sein werden. So ist eine *Jahresplanung* sinnvoll, durch die auch sichergestellt werden kann, dass sich Veranstaltungen nicht zu bestimmten Zeiten im Verlauf eines Jahres ballen.

Wenn sich eine Schule für ein bestimmtes Angebot für Eltern entschieden hat, ist es oftmals sinnvoll, *Qualitätsstandards* für die ausgewählten Formen der Erziehungs- und Bildungspartnerschaft zu entwickeln – und diese dann auch in der praktischen Arbeit zu berücksichtigen.

Besonders wichtig ist, dass immer wieder überprüft wird (z.B. durch Elternbefragungen), ob wirklich die Bedürfnisse und Erwartungen der Eltern erfüllt werden und den Qualitätsansprüchen entsprochen wird. Sind nicht alle Eltern zufrieden bzw. werden die selbst gesetzten Vorgaben nicht erreicht, sollten die Gründe hierfür ermittelt und entsprechende Gegenmaßnahmen implementiert werden (z.B. Weiterqualifizierung des Lehrkörpers, Einsatz anderer Formen der Erziehungs- und Bildungspartnerschaft). Zumeist ist eine positive Weiterentwicklung möglich – insbesondere wenn *Qualitätssicherung* verstanden wird als „ein Weg des Denkens mit dem Anspruch der stetigen Verbesserung. Es gilt also, das Gute durch noch Besseres zu ersetzen und sich nicht auf den Erfolgen von gestern auszuruhen" (Lotzwy/Wenzel 1996, S. 251).

Es ist also ein langer und zumeist steiniger Weg, bis eine Schule bzw. eine Lehrkraft *ihren* Weg zur Erziehungs- und Bildungspartnerschaft mit Eltern gefunden hat. Nur wenn Lehrer/innen sich bewusst machen, dass es sich um einen *langwierigen Prozess* handelt, können sie die unvermeidlichen Frustrationen, Rückschläge und Probleme bewältigen, ohne sich von ihnen entmutigen zu lassen. Je weiter sie aber auf diesem Weg vorankommen, umso deutlicher wird werden, wie die Lehrkräfte selbst, die Eltern und vor allem die Schüler/innen von der Zusammenarbeit profitieren.

Besonders aufwändig ist die Verwirklichung der Bildungspartnerschaft auf der Klassenebene. Wohl kann die Beeinflussung von Bildungsprozessen in der Familie durch interaktive Hausaufgaben u.a. schnell zur Routine werden, können sich Entlastung und Belastung durch die Elternmitarbeit im Unterricht die Waage halten. Aber insbesondere für die Elterngespräche, deren Vor- und Nachbereitung muss viel Zeit angesetzt werden. Da pro Familie zwei etwa dreiviertelstündige Gespräche pro Schuljahr sinnvoll sind (s.u.), müsste zumindest dafür eine entsprechende Entlastung der Lehrer/innen bei ihrem Stundendeputat erfolgen.

An dieser Stelle soll nochmals darauf hingewiesen werden, dass eine Schule keinesfalls *alle* Elternveranstaltungen selbst machen muss. Insbesondere bei familienbildenden Angeboten ist die Schule in erster Linie *als Organisator* gefragt. Selbstverständlich können Lehrer/innen einzelne Maßnahmen selbst durchführen, wenn sie daran Interesse haben und sich entsprechend qualifiziert fühlen. In der Regel wird es aber darum gehen, externe Referent/innen zu beauftragen und die Kostenfrage zu klären. Diese Aufgabe kann mancherorts auch von der Schulleitung, von Beratungslehrer/innen oder Schulsozialarbeiter/innen übernommen werden.

Das Gespräch – wichtigste Form der Elternarbeit

Längere Gespräche zwischen Lehrer/innen und Eltern können nach Vereinbarung, während der (wöchentlichen) Sprechstunden oder an Elternsprechtagen stattfinden. In vielen Ländern sind Lehrkräfte *verpflichtet, in bestimmten Fällen von sich aus den Kontakt zu Eltern zu suchen* und mit ihnen einen Termin zu vereinbaren – z.B. wenn bei Schüler/innen ein auffallendes Absinken des Leistungsstands festgestellt wurde oder wenn bestimmte Ordnungsmaßnahmen gegen sie verhängt werden sollen.

Das bedeutet, dass bei vielen Elterngesprächen Probleme im Vordergrund stehen. Dadurch haben diese „einen schlechten Ruf" bekommen: Werden Eltern in die Schule geladen, dann wissen sie, dass mit ihrem Kind etwas nicht stimmt.

Deshalb ist es empfehlenswert, *Elterngespräche zu einem Regelangebot zu machen*: Es werden *alle* Eltern verpflichtet, sich während des Schuljahrs mit der Lehrkraft über die Entwicklung ihres Kindes in Schule und Familie, seine Lernfortschritte und seine Einbindung in die Klassengemeinschaft auszutauschen. Dabei werden die Stärken und Schwächen des jeweiligen Kindes besprochen und Möglichkeiten der individuellen Förderung miteinander abgestimmt. Vor Übergängen kann auch eine Schullaufbahnberatung erfolgen.

Wenn Termingespräche ein Regelangebot sind, dürfte die Schwellenangst von Eltern geringer sein. Zudem werden *die Besprechungen befriedigender verlaufen*, da es um das „ganze" Kind und nicht mehr nur um irgendein Problem geht. So lässt sich leichter eine Erziehungs- und Bildungspartnerschaft aufbauen. Allerdings wären die Elterngespräche länger als bisher – für ein intensives Gespräch müssen bis zu 45 Minuten angesetzt werden. Außerdem ist es sinnvoll, dieses Regelangebot zweimal pro Schuljahr durchzuführen, da nur so ein annähernd kontinuierlicher Austausch über die kindliche Entwicklung erreicht werden kann.

Wenn Eltern sich nicht von selbst zum Gespräch anmelden, sollten sie direkt eingeladen werden. An einigen (Haupt-, Förder-) Schulen werden gelegentlich auch *Hausbesuche* durchgeführt, wenn Eltern nicht zu Termingesprächen kommen wollen oder können (z.B. wegen starker Schwellenängste oder in ländlichen Regionen mangels Anbindung an den öffentlichen Nahverkehr). Einige Lehrer/innen nutzen Hausbesuche, um die Lebensverhältnisse einzelner Schüler kennenzulernen, damit sie deren Probleme besser einschätzen können. Manchmal werden Lehrkräfte auch von Familien mit Migrationshintergrund eingeladen, in deren Herkunftsländern Hausbesuche üblich sind, und werden dann wie hoch angesehene Gäste behandelt.

Nicht unterschätzen sollten Lehrer/innen die Bedeutung *informeller Gespräche* – am Rande einer Elternveranstaltung, auf einem Schulfest, bei einer Aufführung, auf dem Schulhof oder bei einem zufälligen Zusammentreffen außerhalb des Schulgeländes. Selbst wenn es oft nur zu „Smalltalk" kommt, handelt es sich hier um wichtige beziehungsstiftende Anlässe. Wie sich die Lehrkraft verhält – ob sie sich Zeit für ein paar nette Worte nimmt, ob sie freundlich ist, wenn sie auf der Straße oder in einem Geschäft von Eltern angesprochen wird, ob sie ein Interesse an deren Person und Leben zeigt –, bestimmt, wie Eltern auf sie reagieren, inwieweit sie ihr mit Vertrauen und Achtung begegnen und ob sie sich in der Schule willkommen fühlen.

Informelle Gespräche können auch bewusst eingesetzt werden, um eine positive Beziehung zu Eltern anzubahnen. Dies ist ohne größeren Aufwand durch *Telefonanrufe* realisierbar – auf diese Weise können *alle* Eltern erreicht werden. Bei solchen Gesprächen sollten aber Probleme ausgeklammert werden: Beispielsweise kann die Lehrkraft von einem besonderen Lernerfolg des jeweiligen Kindes, einer herausragenden sportlichen oder künstlerischen Leistung oder dem Eintreten für einen schwächeren Mitschüler berichten oder auch nur eine Anekdote erzählen. Dann kann sie fragen, ob die Eltern ihr noch irgendetwas mitteilen wollen, was ihr helfen könnte, das Kind besser zu verstehen und zu fördern.

Wenn die Lehrkraft alle Anlässe zum Kennenlernen der Eltern nutzt und offen auf sie zugeht, kann eine positive Beziehung entstehen. Der damit verbundene Zeitaufwand lohnt sich vor allem in denjenigen Fällen, in denen zu einem späteren Zeitpunkt ein „Problemgespräch" notwendig wird.

Grundsätze der Gesprächsführung

Das kommunikative Verhalten einer Lehrkraft ist das Ergebnis eines langen Lernprozesses. Es ist mit ihrer Persönlichkeit eng verknüpft und wird von der Berufsrolle, dem eigenen Menschenbild und der Grundstimmung, durch Einstellungen, Vorurteile, Erfahrungen in der Kindheit und im späteren Leben sowie durch viele weitere Faktoren beeinflusst.

Da das kommunikative Verhalten zum Teil vor- bzw. unbewusst ist, kann es nicht leicht verändert werden. Zur eigenen beruflichen und persönlichen Weiterentwicklung gehört deshalb, dass Lehrer/innen *ihr Gesprächsverhalten reflektieren* (Selbsterfahrung) und sich eventuell neue Verhaltensweisen aneignen. Bei Bedarf sollten einschlägige Fortbildungen besucht werden.

Generell ist ein positiver Gesprächsverlauf wahrscheinlicher, wenn Lehrer/innen die folgenden Verhaltensweisen zeigen:

- *Empathie/aktives Zuhören*: Die Lehrkraft geht sensibel auf die Eltern ein und reflektiert deren Gedanken und Gefühle zurück. Sie stellt ihre eigenen Meinungen, Wertungen und Emotionen zurück. So fühlen sich die Eltern verstanden und angenommen. Dann werden sie offener und zugänglicher. Auch sind sie eher zu Kompromissen oder Verhaltensänderungen bereit.

- *Echtheit/Offenheit*: Die Lehrkraft reagiert als Person, drückt ihre Gedanken und Gefühle spontan aus, übernimmt Verantwortung für ihre Bedürfnisse, Einstellungen und Emotionen. Sie wirkt dadurch auch als Verhaltensmodell für die Eltern.

- *Kongruenz*: Die Lehrkraft drückt sich klar und deutlich aus. Bei ihren Aussagen stimmt die verbale Botschaft mit dem Gesichtsausdruck und der Körperhaltung bzw. mit den gezeigten Gefühlen überein.

- *Ich-Botschaften*: Die Lehrkraft macht Aussagen über ihr eigenes Erleben und Verhalten in der jeweiligen Situation bzw. gegenüber dem Schüler oder den Eltern, die ein „Ich ..." enthalten (s.u.). So ist es weniger wahrscheinlich, dass sich z.b. die Eltern angegriffen fühlen oder den Eindruck bekommen, ihr Kind oder ihre Familie würden abgelehnt. Ihnen stehen damit mehr Reaktionsmöglichkeiten offen.

- *Respekt/Wertschätzung/Wärme*: Die Lehrkraft zeigt Interesse an den Eltern, ihren Gedanken, Emotionen und Problemen. Sie akzeptiert sie so, wie sie sind, zeigt positive Gefühle ihnen gegenüber und achtet auf eine taktvolle Wortwahl.

- *Trennung zwischen Person und Verhalten*: Die Lehrkraft macht deutlich, dass sie den jeweiligen Schüler und seine Eltern *als Person* annimmt, also nur einzelne Verhaltensweisen problematisiert.

- *Vertrauen in die Selbsthilfe*: Die Lehrkraft betont, dass sie die Eltern für fähig hält, z.B. ihr Verhalten zu ändern oder ein Problem zu lösen. Sie belässt die Verantwortung hierfür bei den Eltern, nimmt sie ihnen also nicht ab.

Während des Gesprächs sollten Lehrer/innen den Eltern zugewandt sitzen, eine ruhige, aber nicht starre Körperhaltung einnehmen und Blickkontakt halten (gleiche Augenhöhe). Wenn sie selbst reden, sprechen sie die Eltern immer wieder mit ihrem Namen an und wählen einen freundlichen Tonfall.

Wenn die Eltern sprechen, hören Lehrer/innen konzentriert zu und fördern den Redefluss durch unterstützende Äußerungen wie „Ah ja" oder „Mhm" und durch Gesten wie Zunicken oder Zulächeln. Sie unterbrechen die Eltern nicht und helfen ihnen geschickt weiter, wenn sie nach Worten suchen. Durch Fragen und Rückfragen zeigen die Lehrkräfte, dass sie sich für die Themen der Eltern interessieren und sich um ein wirkliches Verständnis bemühen. Sie äußern Anerkennung, wenn Eltern von ihrem Bemühen und ihren Leistungen berichten, und Mitgefühl, wenn sie von Schwierigkeiten erzählen. Die Lehrer/innen vermeiden es, Aussagen zu hinterfragen oder gar zu kritisieren (z.b. impliziert schon ein „Ja, aber..." Widerspruch); stattdessen äußern sie ihre eigene Meinung in der Form der schon erwähnten Ich-Botschaft.

Schließlich ist es wichtig, dass Lehrkräfte sowohl bei den eigenen Aussagen als auch bei denen der Eltern auf die verschiedenen Kommunikationsebenen achten. So enthält laut Schulz von Thun (2011) jede Äußerung vier Botschaften: (1) eine Sachinformation, also den verbalen Gesprächsinhalt, (2) eine Appellseite, d.h. welche Reaktion man eigentlich von der anderen Person erwartet, (3) eine Selbstkundgabe, also einen Hinweis auf die eigene emotionale Befindlichkeit, und (4) eine Beziehungsseite, d.h. wie man das Verhältnis zum Gesprächspartner interpretiert. Wenn Lehrer/innen sich z.B. nur auf die Sachinformation konzentrieren, nehmen sie wichtige Botschaften ihres Gegenübers nicht wahr. Reagieren sie rein rational und sachlich, verunsichern sie ihren Gesprächspartner, weil dieser nicht weiß, was die Lehrkraft wirklich will, was sie empfindet und wie sie die Beziehung definiert. Gespräche sind somit ein sehr komplexes Geschehen, das immer wieder bewusst und vorbewusst analysiert werden muss.

Allgemeine Elterngespräche

Das Termingespräch ist das Kernstück der Bildungs- und Erziehungspartnerschaft, denn nur hier können sich Lehrer/innen und Eltern in Ruhe über das jeweilige Kind, seine Erziehung und Bildung, den Unterricht und die Familiensituation austauschen. Deshalb muss für solche Besprechungen viel Zeit angesetzt werden. Das gilt erst recht für Beratungs- und Konfliktgespräche (s.u.).

Termingespräche sollten gründlich vorbereitet werden. Dabei helfen folgende Fragen:

- Weshalb ist das Gespräch notwendig?
- Was will ich mit der Besprechung erreichen? (Ziele als Orientierungslinien; ergebnisoffen definieren)
- Wer soll an dem Gespräch teilnehmen? (beide Eltern? ein miterziehender Großelternteil? der Partner einer alleinerziehenden Mutter? der geschiedene Elternteil, bei dem das Kind nicht lebt? der Stiefelternteil? der/die Schüler/in?)
- Welche Themen sollen behandelt werden? Welche Sachverhalte will ich unbedingt ansprechen? Was ist aus meiner Sicht das Problem/der Konflikt? Welche Argumentationslinie will ich verfolgen?
- Verfüge ich über genügend konkrete Beispiele, um das Verhalten des Kindes zu verdeutlichen? Oder muss ich noch weitere Beobachtungen sammeln und dokumentieren?
- Was für Informationen benötige ich von den Eltern?
- Was für Einstellungen, was für eine Haltung habe ich gegenüber den Gesprächspartnern? Wie komme ich menschlich mit ihnen zurecht?
- Wie sind frühere Gespräche verlaufen? Habe ich mit den Eltern schon über dasselbe bzw. ein ähnliches Thema gesprochen? Mit welchem Ergebnis?
- Mit welchen Schwierigkeiten und Widerständen ist zu rechnen und wie kann ich auf sie reagieren?
- Wie lange soll die Besprechung dauern?

Gesprächstermine sollten frühzeitig mit den Eltern vereinbart werden. Dabei wird immer der Gesprächsanlass genannt. Möchte man die Anwesenheit voll erwerbstätiger Eltern sicherstellen, ist oft nur ein Termin nach 17.00 Uhr möglich. *Da Väter eine wichtige Rolle im Leben ihrer Kinder spielen, aber seltener als Mütter Elternangebote nutzen, sollten sie gezielt angesprochen und ebenfalls zu dem Termingespräch eingeladen werden.* Sie sehen oft ihr Kind etwas anders als ihre Partnerin, was nicht nur die Besprechung bereichert, sondern manchmal auch bisher zu wenig beachtete Begabungen, Stärken und Schwächen, neue Förderwege oder alternative Lösungen von Problemen erkennen lässt. Bei Kindern mit Migrationshintergrund ist die Anwesenheit des Vaters besonders wichtig, wenn die Familie eine patriarchalische Struktur aufweist.

Wird das Gespräch von den Eltern gewünscht, sollten sie kurz nach ihrem Anliegen gefragt werden. Das erleichtert der Lehrkraft die Vorbereitung der Besprechung, wobei sie sich an den meisten der gerade genannten Fragen und Grundsätze orientieren kann.

Das Elterngespräch sollte in einer *angenehmen Atmosphäre* stattfinden. Die Lehrkraft verhält sich wie eine Gastgeberin, begrüßt die Eltern, setzt sich beim Zweiergespräch über Eck oder wählt bei mehreren Gesprächspartnern eine kreisförmige Sitzordnung. Sie beginnt die Besprechung mit „Smalltalk", damit die Eltern etwas Eingewöhnungszeit haben. Dann nennt sie den Gesprächsanlass, vorgesehene Themen und den zeitlichen Rahmen. Wurde die Besprechung von den Eltern gewünscht, bittet sie diese, nun ihr Anliegen ausführlich zu schildern.

Die Lehrkraft stellt sicher, dass im Verlauf des Gesprächs bei dem jeweiligen Thema geblieben bzw. ein Thema nach dem anderen abgehandelt wird. Sie hat somit die Gesprächsleitung inne. Ganz wichtig ist, dass die Eltern genügend Zeit haben, sich selbst und ihre Themen, Beobachtungen und Meinungen einzubringen. Die Besprechung darf *keinesfalls von der Lehrkraft dominiert* werden, sondern alle Gesprächspartner sollten gleichberechtigt sein und im Prinzip gleich viel Redezeit beanspruchen können.

Es darf also bei den Eltern nicht der Eindruck entstehen, dass die Lehrkraft das Gespräch stark steuert. Dann gehen Lebendigkeit und Spontaneität verloren, sprechen Eltern nicht alles aus, was ihnen am

Herzen liegt. Der Verlauf einer Besprechung kann letztlich nie im Voraus festgelegt werden, da man das Verhalten des Gesprächspartners nicht vorhersagen kann – hier liegen die Grenzen jeglicher Vorbereitung und Planung.

Ein positiver Gesprächsverlauf kann auch dadurch erreicht werden, dass die Lehrkraft viele *offene Fragen* stellt. *Verständnisfragen* zeigen Interesse an den Aussagen des Gesprächspartners und *Meinungsfragen* an dessen Auffassungen und Einstellungen. Werden seine Aussagen zurückreflektiert oder hinsichtlich der zugrunde liegenden Empfindungen „interpretiert", zeigt die Lehrkraft, dass sie *aktiv zuhört*, also ihn richtig verstehen möchte und mit ihm mitfühlt. Bei Problemen ist es sinnvoll, erst den Gesprächspartner zu bitten, Lösungen vorzuschlagen. Durch ein solches Verhalten zeigt die Lehrkraft Empathie, Respekt und Wertschätzung (s.o.). Zugleich vermittelt sie die Botschaft „Du bist okay" – was die Wahrscheinlichkeit erhöht, dass die Eltern auch die Lehrkraft „okay" finden.

Zeichnet es sich ab, dass das Thema nicht abschließend behandelt werden kann, dreht sich das Gespräch im Kreise oder werden starke negative Emotionen geweckt, ist es oft sinnvoll, *die Besprechung abzubrechen* und einen neuen Termin anzuberaumen.

Am Ende des Gesprächs *fasst die Lehrkraft die Ergebnisse zusammen*, wobei sie vor allem das betont, was die Eltern und sie selbst konkret machen wollen. Eventuell vereinbart sie gleich einen weiteren Gesprächstermin, falls noch Themen unbehandelt blieben oder über gerade beschlossene Maßnahmen berichtet werden soll (z.B. Ausprobieren bestimmter Verhaltensweisen gegenüber dem/der Schüler/in, Änderungen im Erziehungsstil, Untersuchung des Kindes durch Fachärzte oder Psycholog/innen, Konsultation einer Erziehungsberatungsstelle). Dann verabschiedet sie die Eltern.

Prinzipiell ist es sinnvoll, Elterngespräche zu *protokollieren*. Dazu können Notizen während der Besprechung gemacht werden, die anschließend geordnet und ergänzt werden. Das Protokoll kann sich nicht nur bei späteren Gesprächen als sinnvoll erweisen, sondern der Prozess des Erstellens fördert auch das Nachdenken darüber, inwieweit z.B. alle Ziele erreicht und alle vorgesehenen Themen behandelt wurden, was an Informationen und insbesondere an überraschenden Neuigkeiten gesammelt wurde oder welche Konsequenzen hinsichtlich der Erziehung und Bildung des jeweiligen Schülers zu ziehen sind.

Zugleich kann eine *Reflexion des eigenen Verhaltens während der Besprechung* erfolgen – ob die Lehrkraft z.B. die Regeln der Gesprächsführung beachtet, sich professionell verhalten und ihre Anliegen verständlich vorgebracht hat.

Elternberatung und Vermittlung von Hilfsangeboten

Wenn bei einem Schüler bzw. einer Schülerin Verhaltensauffälligkeiten, Lernstörungen oder psychische Probleme auftreten, bewährt es sich, wenn bereits eine Erziehungs- und Bildungspartnerschaft besteht. Dann kennen sich Lehrer/innen und Eltern schon relativ gut, haben eine Vertrauensbasis aufgebaut und wissen, dass die jeweils andere Seite am Wohl des betroffenen Kindes und an einer Zusammenarbeit interessiert ist. So sind eventuelle Ängste vor einem „Problemgespräch" geringer ausgeprägt.

Lehrer/innen sollten so schnell wie möglich von sich aus den Kontakt zu Eltern suchen, wenn sie Verhaltensauffälligkeiten oder andere Probleme beobachten. *Je früher sie mit den Eltern sprechen, desto leichter ist in der Regel dem Kind zu helfen.* Aber auch die Eltern sollten von sich aus auf die Lehrkräfte zugehen, wenn sie Erziehungsschwierigkeiten haben oder sich ihre Familiensituation in einer Weise ändert, dass mit Auswirkungen auf das Verhalten und Erleben ihres Kindes zu rechnen ist – also z.B. bei einer Trennung der Eltern oder beim Verlust eines nahen Angehörigen.

Nehmen Lehrer/innen von sich aus Kontakt zu den Eltern auf, sollten sie zunächst die *eigene Gefühlslage klären* und sich von negativen Emotionen gegenüber dem Kind und seiner Familie distanzieren. So gelangen sie zu einer Grundhaltung, die es ihnen erlaubt,

Verständnis sowohl für das Kind als auch für seine Eltern zu empfinden. Wichtig ist es, sich bewusst zu machen, *dass man nicht das erzieherische Verhalten der Eltern oder deren Beziehung zum Kind verändern kann, sondern dass diese selber aktiv werden müssen.* Eltern sind aber am ehesten offen für eine Reflexion der Familienerziehung bzw. für Ratschläge, wenn sie sich akzeptiert und verstanden fühlen.

Von großer Bedeutung ist somit, dass Lehrer/innen die Grundsätze der Gesprächsführung befolgen (s.o.). Ich-Botschaften ermöglichen es ihnen, das Problem so zu beschreiben, wie sie es persönlich erleben: „Ich habe Schwierigkeiten mit Ihrem Kind. Ich erlebe sie vor allem in der und der Situation. Dann reagiere (empfinde) ich leicht so oder so. Können Sie mir helfen, das Verhalten Ihres Kindes zu verstehen?" Offensichtlich ist bei Ich-Botschaften die Wahrscheinlichkeit geringer, dass sich Eltern als angegriffen erleben – dass ihnen z.b. vorgeworfen würde, sie hätten ihr Kind falsch erzogen.

Die Lehrkraft sollte das jeweilige Problem und die Situationen, in denen es auftritt, konkret und anschaulich beschreiben. Dabei geht sie auch auf die Häufigkeit des Auftretens, die Auswirkungen und mögliche Konsequenzen ein. Ferner *trennt sie deutlich zwischen der Beschreibung beobachteter Verhaltensweisen und deren Interpretation.*

Außerdem sollte zu Beginn des Beratungsgesprächs unbedingt auf die positiven Seiten des Kindes eingegangen werden. Einerseits erfahren die Eltern auf diese Weise, dass ihr Kind in der Schule auch positiv wahrgenommen und „gemocht" wird. Andererseits wird das Kind nicht auf seine Auffälligkeiten „reduziert", sondern als Person mit Stärken *und* Schwächen gesehen.

Oft zeigt sich im Verlauf des Gesprächs, dass die Eltern bereits die Verhaltensauffälligkeit, Leistungsstörung oder psychische Problematik ihres Kindes beobachtet haben bzw. selbst Erziehungsschwierigkeiten erleben. Dann können sie den eigenen Umgang mit dem Problem schildern. Manchmal lässt die andere Perspektive der Eltern das abweichende Verhalten, die Lernstörung oder die psychische Symptomatik in einem neuen Licht erscheinen oder deutet sinnvolle Reaktionen an.

Wurde die Kooperationsbereitschaft der Eltern gewonnen, können Lehrkraft und Eltern die Problematik entlang der Stufen des Problemlösungsprozesses erörtern:

1. *Problemdefinition*: genaue Beschreibung der Verhaltensauffälligkeit, Erziehungsschwierigkeit oder Leistungsstörung; Eltern *und* Lehrkraft müssen diese Definition akzeptieren.

2. *Suche nach den Ursachen des Problems*: Bestimmung vorausgehender und nachfolgender Ereignisse und Verhaltensweisen, von Auslösern und Verstärkern; Suche nach pathogenen Strukturen und Prozessen in Familie und Schule.

3. *Zielbestimmung*: Festlegung konkreter und überprüfbarer Ziele, die für alle Beteiligten erreichbar sein müssen.

4. *Suche nach allen denkbaren Lösungsmöglichkeiten*: Brainstorming; anschließend Beurteilung der Vor- und Nachteile der Alternativen sowie möglicher Umsetzungsschwierigkeiten.

5. *Auswahl der voraussichtlich besten Alternative*: nach der Einigung Planung der Implementation sowie Ermittlung benötigter Ressourcen und möglicher Widerstände.

6. *Umsetzung der Alternative in Familie und/oder Schule*: verbunden mit gegenseitiger Unterstützung und Hilfestellung – Lehrkraft und Eltern sollten „an einem Strang ziehen".

7. *Erfolgskontrolle*: Überprüfung der Effektivität des Problemlösungsversuches.

Während des Elterngesprächs sollten z.B. Machtkämpfe hinsichtlich der Problemdefinition oder die Suche nach „Schuldigen" vermieden werden. Falls sich bei der Ursachenanalyse (Schritt 2) herausstellt, dass sich vor allem die Eltern ändern müssen, sollte sich die Lehrkraft anschließend zurückhalten und die Eltern selbst nach Lösungsmöglichkeiten suchen lassen. Sie mischt sich nicht in deren Angelegenheiten ein, sondern zeigt Vertrauen, dass die Eltern ihre Schwierigkeiten selber bewältigen und ihr Verhalten ändern können.

Die Lehrkraft beschränkt sich dann auf die Strukturierung der Gesprächssituation sowie auf die Unterstützung und Beratung der Eltern beim Durchlaufen der folgenden Stufen des Problemlösungsprozesses. Sie wirkt ermutigend und motivierend.

Eventuell sind zwei oder sogar drei Beratungsgespräche nötig, um Probleme bei der Umsetzung der Lösungsstrategie zu diskutieren, eine andere, erfolgversprechendere Alternative auszusuchen oder neu aufgetrete Schwierigkeiten zu klären. Lehrer/innen sollten aber nicht versuchen, *professionelle Berater/innen oder gar Therapeut/innen zu ersetzen.* Sie verfügen nicht über die nötigen Spezialkenntnisse in Psychologie und Heilpädagogik, haben keine Ausbildung in Techniken der Gesprächsführung, im Einsatz von Tests und in therapeutischen Verfahren erhalten. Zudem ist es ihnen alleine schon mangels Zeit nicht möglich, Eltern intensiv zu beraten.

Sind also Verhaltensauffälligkeiten, psychische Probleme oder Lernstörungen zu stark ausgeprägt, lassen Rahmenbedingungen wie die Klassengröße eine intensive Förderung des betroffenen Schülers nicht zu, können keine Verbesserungen im Verhalten des Kindes erreicht werden, liegen die Ursachen vor allem in der Familie und können von den Lehrer/innen nur unzureichend beeinflusst werden, haben die Eltern große Probleme oder mangelt es ihnen an erzieherischen Kompetenzen (usw.) – dann müssen dem/der Schüler/in und seinen/ihren Eltern *Hilfsangebote innerhalb und außerhalb des Schulsystems erschlossen* werden (z.B. von Schulpsycholog/innen, ambulanten sonderpädagogischen Diensten, Schulsozialarbeiter/innen, Beratungsstellen, Gesundheits- und Jugendämtern).

Da das Sozialsystem sehr komplex und stark ausdifferenziert ist, ist es in Einzelfällen schwer herauszufinden, wer der richtige Ansprechpartner ist. Dann ist es hilfreich, wenn Lehrkräfte auf eine schulinterne *Übersicht von Hilfsangeboten* zurückgreifen können (z.B. in der Form eines schriftlichen Beratungsführers oder einer entsprechenden Datei im Intranet).

Akzeptieren Eltern, dass ihr Kind oder sie selbst Hilfe durch schulische bzw. psychosoziale Dienste benötigen, schildern die Lehrkräfte in Frage kommende Angebote. Allerdings können sie nur Empfehlungen aussprechen – ob Eltern entsprechend handeln, ist von diesen zu entscheiden. Die Besprechung sollte deshalb möglichst mit einer konkreten Entscheidung der Eltern enden. Verweigern sie die Nutzung eines relevanten Hilfsangebots, werden ihnen die Konsequenzen verdeutlicht – z.B. Verfestigung der Verhaltensauffälligkeiten und eventuell Besuch einer Förderschule.

Ansonsten wird mit den Eltern vereinbart, dass sie die Lehrer/innen informieren, was seitens des schulischen bzw. psychosozialen Dienstes herausgefunden und unternommen wird. Die Lehrkräfte können sich auch eine (schriftliche) *Einwilligungserklärung* geben lassen, die es ihnen ermöglicht, mit den Mitarbeiter/innen des Fachdienstes über den jeweiligen Fall zu sprechen. So können *Beobachtungen und Gedanken ausgetauscht* werden, können sich Lehrer/innen über *Diagnose, Behandlungsverlauf und Beratungsinhalte informieren.*

Konfliktgespräche

Trotz aller Bemühungen der Lehrer/innen wird es immer Eltern geben, die sich während eines Termingesprächs ablehnend, feindselig, aggressiv oder besserwisserisch verhalten und Ratschläge nicht annehmen. Die Ursachen für eine schwierig verlaufende Besprechung können natürlich auch bei der Lehrkraft liegen – wenn sie z.B. Antipathie gegenüber den Eltern empfindet, Vorurteile ihnen gegenüber hat, zu hohe Erwartungen an sie stellt oder aufgrund negativer Vorerfahrungen eine ablehnende Haltung entwickelt hat. So hängt der Erfolg von Elterngesprächen u.a. davon ab, wie *professionell* eine Lehrkraft ist und inwieweit sie durch Selbsterfahrung *in der Lage ist, sich von ihren Gefühlen und Voreinstellungen gegenüber einzelnen Eltern zu distanzieren.*

Problemgespräche können schnell zu Konfliktgesprächen ausarten, wenn z.B. Eltern das Problem nicht erkennen (wollen), Äußerungen über das Verhalten des Kindes als Kritik an ihrer Erziehung verstehen, die alleinige Schuld bei der Schule sehen oder keine Kooperationsbereitschaft zeigen. Dasselbe gilt, wenn die Lehrkraft beispielsweise sehr konfrontativ vorgeht, die Regeln der Gesprächsführung missachtet, jede Kritik der Eltern als persönlichen Angriff wertet oder nicht akzeptiert, dass sich unter Umständen das Kind im System „Familie" ganz anders verhält als im System „Schule". Viele Konflikte zwischen Lehrer/innen und Eltern (bzw. Schüler/innen) sind aber auch unvermeidbar, da es immer unterschiedliche Einschätzungen von Anforderungen, Leistungen (Notengebung) und Verhaltensweisen geben wird.

Bei Problemgesprächen kann häufig vermieden werden, dass sie zu Konfliktgesprächen werden, wenn die zuvor beschriebenen Grundsätze und Regeln der Gesprächsführung befolgt werden, eine gemeinsame Verständnisebene hergestellt und entsprechend der Phasen des Problemlösungsprozesses vorgegangen wird (s.o.). Auch sollte während der Besprechung darauf geachtet werden, dass es nicht zur „*Spirale der Negation*" (John Gottman, nach Schnabel 2001) kommt, also zu einer Abfolge von:

Kritik ➔ Rechtfertigung, Gegenangriff ➔ Verteidigung, verletzende Bemerkung über den Gesprächspartner ➔ Zurückweisung, Angriff ➔ gegenseitiges Anschreien, Blockadehaltung oder abrupter Abbruch des Streits

Das Entstehen der „Spirale der Negation" kann verhindert und ein positiverer Verlauf eines Konfliktgesprächs erreicht werden, wenn die Lehrkraft

- sich auf das Gespräch besonders gründlich vorbereitet und eventuell eine kollegiale Beratung in Anspruch nimmt.

- darauf achtet, dass beide Seiten einander nicht frontal gegenüber sitzen.

- nach der Begrüßung das Erscheinen der Eltern würdigt und dann gleich zum jeweiligen Anliegen kommt.

- die eigene Position sachlich präsentieren und anhand von Beispielen konkret belegen kann. Zugleich sollte die Lehrkraft den Eltern genügend Zeit geben, ihre Sicht des Konflikts darzulegen, und dabei aktiv zuhören. Jedoch darf sie sich nicht von der eigenen Position abbringen lassen, dass der/die Schüler/in verhaltensauffällig ist oder andere Probleme hat, wenn dies durch eigene Beobachtungen eindeutig belegt werden kann. Manche Eltern verdrängen oder negieren Probleme; sie können ihre Ambivalenz nur bewältigen, wenn sich die Lehrkraft sicher in ihren Aussagen zeigt.

- erst auf den „Kern" des Anliegens zu sprechen kommt, wenn die Eltern ihre Gefühle „abreagiert" hat. So müssen diese oft zunächst „Dampf ablassen". Dann sollte die Lehrkraft Ruhe bewahren, indem sie sich z.B. auf das Mitschreiben konzentriert – was den Eltern auch den Eindruck vermittelt, ihre Argumente würden ernst genommen. Dasselbe Ziel wird erreicht, wenn die Lehrkraft das Gesagte in eigenen Worten zusammenfasst und fragt, ob sie alles richtig verstanden hat.

- immer wieder die Empfindungen, Gefühle und Stimmungen der Eltern anspricht, die oft hinter scheinbar sachlichen Aussagen verborgen liegen (z.B. die Angst, das eigene Kind könne beim Übergang in das Gymnasium scheitern, müsse auf die Förderschule etc.). Dann fühlen sich die Eltern verstanden und angenommen, sind eher einsichtig und kompromissbereit. Die eigentlichen Anliegen und Befürchtungen kommen auf den Tisch.

- bei Schuldzuweisung versucht, ohne Abwehr, Gegenangriff oder Blockadehaltung zu reagieren – selbst wenn die Vorwürfe als falsch, ungerecht oder verletzend erlebt werden. Es ist sinnvoll, das „innere Drehbuch" so umzuschreiben, dass man in einem kritischen Gesprächspartner nicht länger einen Gegner sieht und prinzipiell akzeptiert, dass Konflikte zu den Grundproblemen des menschlichen Daseins gehören und unvermeidbar sind.

- die eigenen Gefühle beobachtet und die Emotionen der Eltern anhand nonverbaler Reaktionen erschließt, sodass ein

„Aufschaukeln" von Affekten verhindert werden kann. Die Lehrkraft kann bei hitzigen Gesprächsphasen eine Pause machen oder auch einmal mit Humor reagieren.

- mehr positive als negative Aussagen macht („Fünf-zu-Drei-Regel") und immer wieder betont, dass sie den jeweiligen Schüler mag und schätzt.

- prinzipiell von der erzieherischen Kompetenz der Eltern ausgeht, deren Erziehungsbemühungen anerkennt und darauf aufzubauen versucht („Sie wollen doch auch das Beste für Ihr Kind!"). Außerdem gibt es viele akzeptable Weisen, ein Kind zu erziehen – nicht nur die von der Lehrkraft favorisierte. So sollte sie eine andere Auffassung der Eltern akzeptieren, wenn sich diese begründen lässt (z.B. aus einer anderen Perspektive heraus).

- nicht einen „Sieg" anstrebt, sondern nach einer „Win-win"-Alternative sucht. Bei Kompromissen – die erreicht werden können, wenn Lehrkraft und Eltern entsprechend der Stufen des weiter oben skizzierten Problemlösungsprozesses vorgehen – gibt es in der Regel zwei Gewinner.

Am Ende des Konfliktgesprächs sollte die Lehrkraft die Ergebnisse zusammenfassen und die Eltern fragen, wie sie sich damit fühlen. Bei einer sichtbaren Entspannung der Situation kann sie ihre Zufriedenheit äußern. Konnte keine Lösung gefunden werden, kann ein weiterer Termin vereinbart oder die *Einschaltung eines Vermittlers* vorgeschlagen werden. Mit einer Äußerung des Bedauerns werden dann die Eltern verabschiedet.

Konfliktgespräche sollten unbedingt protokolliert werden. Oft ist es sinnvoll, noch vor Verabschiedung der Eltern ein kurzes Ergebnisprotokoll anzufertigen, es mit den Eltern zu besprechen und dann für sie eine Kopie zu machen. So können auch Vereinbarungen – z.B. über ein bestimmtes erzieherisches Verhalten der Lehrkraft und der Eltern gegenüber dem Kind oder über den Besuch einer Beratungsstelle – gleich schriftlich festgehalten werden. Dies erhöht die Wahrscheinlichkeit, dass entsprechend gehandelt wird.

Schließlich ist wichtig, den Verlauf der Auseinandersetzung zu analysieren und sich zu fragen, was der eigene Anteil am Entstehen des Konflikts war. Manchmal wird die Lehrkraft dann erkennen, dass der jeweilige Konflikt nicht gelöst werden kann, weil z.B. sich unterschiedliche Positionen nicht miteinander vereinbaren lassen oder der Wille zur Verständigung bzw. zu einem Kompromiss fehlt.

Elternarbeit bei Familien mit Migrationshintergrund

Abschließend soll noch auf die Kooperation mit dieser immer größer werdenden Gruppe von Familien eingegangen werden, da sie mit besonderen Herausforderungen verbunden ist. So sind zugewanderte Eltern oft nur schlecht zu erreichen, weil sie von sich aus eher selten auf Lehrer/innen zugehen. Die Kontaktaufnahme zu Eltern mit Migrationshintergrund wird zusätzlich durch folgende Faktoren erschwert:

1. Migrant/innen bilden *keine homogene Gruppe*: Sie unterscheiden sich stark nach Herkunftsland, Aufenthaltsdauer, Einkommen, Schichtzugehörigkeit, Wohnverhältnissen, Kultur, Religion, Werten, Lebensweise, Geschlechtsrollenleitbildern, Familienstruktur, Erziehungsstil, Integrationswillen usw.

2. *Verständigungsprobleme*: Die Deutschkenntnisse von Familienmitgliedern können höchst unterschiedlich sein: Ist z.B. nur der Mann erwerbstätig, spricht er die deutsche Sprache oft besser als seine Frau. Sogenannte Heiratsmigrant/innen können häufig überhaupt kein Deutsch, während ihre Partner es fließend sprechen. In anderen Familien beherrschen beide Elternteile die deutsche Sprache nur rudimentär.

3. *unklare Vorstellungen der Migranten von der Schule*: Manche Eltern kennen das deutsche Bildungssystem nicht und können

somit die Schullaufbahn ihrer Kinder nur begrenzt „steuern". Sie wissen nicht, was in der Schule von ihren Kindern erwartet wird (Lehrplan, Unterrichtsinhalte, Umgangsformen). Viele Eltern mit Migrationshintergrund können relevante Informationen wie z.b. Lehrpläne oder Bildungsstandards aufgrund schlechter Deutschkenntnisse nicht verstehen. Oft schätzen sie die Bedeutung der Hausaufgaben falsch ein oder können ihren Kindern dabei nicht helfen.

4. *Misstrauen*: Aufgrund erlebter Diskriminierung – z.b. bei Behördenkontakten – befürchten manche Eltern mit Migrationshintergrund, dass sie ähnliche Erfahrungen in der Institution „Schule" machen werden. Bei den ersten Kontakten mit Lehrkräften sind sie deshalb misstrauisch und viel unsicherer als deutsche Eltern. Falls ihre Kinder älter sind, haben sie oft schon erlebt, dass sie in Schulen nicht willkommen waren.

5. *Bildung als alleinige Zuständigkeit der Schule*: In manchen Kulturen genießen Lehrer/innen ein hohes Ansehen. Beispielsweise sehen viele türkische Eltern in ihnen Respektpersonen, die man hinsichtlich ihrer Autorität, ihres Unterrichtsstils und ihres Erziehungsverhaltens nicht hinterfragen darf. So begegnen sie ihnen mit großer Ehrerbietung und viel Vertrauen. Da es an türkischen Schulen keine Elternarbeit gibt, wissen viele Eltern nicht, dass sie in Deutschland Informations- und Mitwirkungsrechte haben und von ihnen das Eingehen einer Erziehungs- und Bildungspartnerschaft mit Lehrer/innen erwartet wird.

Aufgrund der großen Unterschiede zwischen den (Sub-) Kulturen gibt es nicht einen bestimmten Weg, wie Lehrkräfte Eltern mit Migrationshintergrund erreichen können; viele Vorgehensweisen sind möglich und müssen im Einzelfall ausprobiert werden. Deshalb müssen Lehrer/innen ab dem ersten Kontakt bewusst *eine individuelle Beziehung zu den jeweiligen Eltern aufbauen*. Das wird nur gelingen, wenn sie ein deutliches Interesse an den Menschen, ihrem Leben und ihrer Kultur zeigen.

Da in vielen (Sub-) Kulturen Väter die Rolle des Familienoberhaupts einnehmen und uneingeschränkte Autorität beanspruchen, gilt es, vor allem sie als Erziehungspartner zu gewinnen. Wenn nur die Mütter zu Termin-, Beratungs- oder Konfliktgesprächen kommen, müssen sich Lehrer/innen damit abfinden, dass diese oft nur ausweichend reagieren: Die Mütter haben keine Entscheidungskompetenz, sondern müssen die Wünsche und Erwartungen der Lehrkräfte erst mit ihrem Ehepartner besprechen.

Ansonsten wird sich eine Erziehungspartnerschaft nur realisieren lassen, wenn Eltern mit Migrationshintergrund den Eindruck haben, dass ihre religiösen Werte und Normen berücksichtigt werden. Beispielsweise sollte muslimischen Eltern vor Klassenfahrten mitgeteilt werden, wie ihre Kinder Speisevorschriften befolgen können, dass Alkoholkonsum seitens der Schüler verboten ist, dass Jungen und Mädchen in getrennten Räumen übernachten und wie sie dort beaufsichtigt werden (Altuntaş/Kröll/Viertel 2011).

Ferner können religiöse Feste gemeinsam gefeiert werden, wobei Eltern mit Migrationshintergrund die Festgestaltung übernehmen und über die Entstehung, den Sinn und die Bedeutung des jeweiligen Festes informieren. Solche Feiern sind eher zu empfehlen als sogenannte „multikulturelle Feste", bei denen Eltern mit Migrationshintergrund auf die Rolle von Ausländer/innen festgelegt werden, die exotisches Essen kochen und Folklore darbieten. Hier werden Stereotype und Vorurteile eher verfestigt als abgebaut.

Aufgrund der schlechten Deutschkenntnisse vieler Eltern mit Migrationshintergrund benötigen Lehrer/innen häufig die Unterstützung von Dolmetscher/innen. Als solche können durchaus andere Eltern mit Migrationshintergrund eingesetzt werden, wenn sie die deutsche Sprache beherrschen. Zu beachten ist aber, dass zumeist eine „freie" Übersetzung erfolgt und deshalb leicht Missverständnisse auftreten können. Deshalb sollten sich Lehrer/innen vor allem vor Beratungsgesprächen um professionelle Dolmetscher/innen bemühen. Sie finden diese z.B. bei Ausländerberatungsstellen, kommunalen Ausländerbeiräten und Migrantenorganisationen.

Eltern mit Migrationshintergrund, die gut Deutsch sprechen, können auch als Dolmetscher/innen bei Elternabenden eingesetzt werden, die ansonsten von Eltern mit wenig Deutschkenntnissen nicht besucht würden. Dann können „*Murmelgruppen*" gebildet werden: Die dolmetschende Person sitzt neben oder hinter den anderen Eltern und übersetzt simultan, mit einer flüsternden Stimme. Da dies eine schwierige Aufgabe ist, hilft es ihr, wenn die Lehrkraft sie vor dem Elternabend über die Tagesordnungspunkte und deren Inhalte informiert.

Wichtig ist, dass Lehrer/innen für sich prüfen, ob sie nicht einigen Eltern mit Migrationshintergrund aus dem Weg gehen, weil sie z.B. sich mit ihnen kaum verständigen können oder voreingenommen sind. So sollten sie sich folgende Fragen stellen:

- Wie gehe ich mit Eltern mit Migrationshintergrund im Vergleich zu deutschen Eltern um?

- Kann ich mich in ihre Lebenslage und in ihren Erfahrungshintergrund hineinversetzen?

- Nehme ich ihre Gefühle, Ängste, Sorgen, Hoffnungen, Wünsche und Erwartungen richtig wahr?

- Kann ich ganz andere Werte, Normen, Geschlechtsrollenleitbilder und Erziehungsstile akzeptieren bzw. tolerieren?

- Empfinde ich das Beherrschen verschiedener Sprachen als Bereicherung?

- Gibt es Sprachen, die ich als „wertvoller" ansehe?

Probleme entstehen oft aus der mangelnden Wertschätzung der Familiensprache von Kindern mit Migrationshintergrund. Für Schüler/innen ist es aber sehr problematisch, wenn ihre muttersprachlichen Fähigkeiten nicht beachtet und gewürdigt werden. Lehrkräfte sollten deshalb im Gespräch mit ihren Eltern klären, wie gemeinsam die Entwicklung der *Mehrsprachigkeit* beim jeweiligen Kind gefördert werden kann, was für seine Integration in die Schulklasse hilfreich ist und wie sich seine Eltern als Fachpersonen für die Erstsprache einbringen könnten.

Es ist aber auch notwendig, Eltern mit Migrationshintergrund vom ersten Kontakt an zu vermitteln, *wie wichtig das Beherrschen der deutschen Sprache für die Zukunft ihrer Kinder ist.* Hier können (Grundschul-) Lehrer/innen an den hohen Erwartungen vieler Eltern anknüpfen (z.B. dass ihre Kinder später studieren werden). Sie können ihnen relevante Informationen über das deutsche Bildungswesen vermitteln und ihnen bewusst machen, dass die perfekte Beherrschung der deutschen Sprache Voraussetzung für den Schulerfolg ist.

Bei Schüler/innen mit schlechten Deutschkenntnissen sind *regelmäßige Elterngespräche* besonders wichtig: Zunächst sollten den Eltern Sprachrückstände und -auffälligkeiten anhand von systematischen Beobachtungen und Tests deutlich gemacht werden. Gibt es an der Schule besondere Sprachfördermaßnahmen, werden diese vorgestellt. Stimmen die Eltern ihrer Nutzung zu, werden sie gebeten, ihr Kind entsprechend zu motivieren und zu unterstützen. In diesem Zusammenhang können Lehrer/innen eine *Vereinbarung* mit ihnen abschließen, in der beide Vertragspartner eine aktive und verbindliche Kooperation bei der Sprachförderung der Kinder zusichern. Bei späteren Gesprächen sollten die Eltern über die Fortschritte ihrer Kinder informiert werden, sodass ihre Motivation zur Mitarbeit erhalten bleibt.

Die Eltern können zu Hause die Sprachförderung am besten unterstützen, wenn ihnen die *Maßnahmen der (Grund-) Schule transparent gemacht werden.* Erhalten sie beispielsweise Fotokopien mit dem Inhalt der jeweiligen Spracheinheit (z.B. „Wörter der Woche"), können sie *die Arbeit der Lehrer/innen daheim fortsetzen.* Noch besser ist es, wenn parallel zu den Sprachfördermaßnahmen für Schüler/innen ein *Kurs für Eltern mit Migrationshintergrund* angeboten wird, in dem diese dieselben Begriffe und Redewendungen wie ihre Kinder lernen.

72

Ansonsten sollten Eltern mit Migrationshintergrund dazu angehalten werden, *ihr Kind auch zu Hause mit der deutschen Sprache zu konfrontieren*, indem z.B. gemeinsam deutsche Kindersendungen im Fernsehen angeschaut, CDs mit deutschsprachigen Märchen, Liedern und Geschichten angehört sowie deutsche Kinderbücher angeschafft werden. Hilfreich ist hier, wenn Lehrer/innen eine umfangreiche *Sammlung* von guten Büchern, empfehlenswerten (Sprach-) Spielen und altersgemäßen Lernprogrammen anlegen, die von den Schüler/innen ausgeliehen werden können.

Wie bereits angedeutet, sollten Lehrkräfte Eltern mit Migrationshintergrund motivieren, selbst besser Deutsch zu lernen. Viele Migrant/innen kennen nicht die Angebote vor Ort, wie z.B. *Sprachkurse* der Volkshochschulen oder Programme wie „Mama lernt Deutsch". Manchmal ist es auch sinnvoll, einen Sprachkurs nur für Mütter in den Kulturräumen einer Moschee anzusiedeln. Muslimische Frauen aus streng religiösen Familien erhalten eher die Erlaubnis, an solchen Kursen als z.B. an Angeboten der Volkshochschule teilzunehmen, da ein Kontakt zu Männern ausgeschlossen ist. Besonders positiv wirkt sich aus, wenn z.B. der Imam der örtlichen Moschee, der Ausländerbeirat oder ein Migrantenverein Eltern zum Besuch von Sprachkursen motiviert.

An (Grund-) Schulen, in denen besondere Sprachförderprogramme eingesetzt werden, sollten *alle* Eltern über diese Angebote informiert werden. Beispielsweise bieten sich folgende Themen für Elternabende an:

- „Sprachentwicklung": Bei dieser Veranstaltung können Lehrer/innen z.B. auf die Bedeutung des Sprachvorbilds, des Lesens und häufiger Eltern-Kind-Interaktionen eingehen.

- „Förderung der Mehrsprachigkeit": Diskutiert wird, wie Lehrkräfte die Sprachkompetenz *aller* Kinder fördern, wie sie Kindern mit Migrationshintergrund die deutsche Sprache vermitteln und auf welche Weise deutsche Kinder am besten eine Fremdsprache erlernen.

Ferner sind familienbildende Angebote wie beispielsweise *Gesprächskreise für Eltern mit Migrationshintergrund* sinnvoll. Hier diskutieren zugewanderte Eltern miteinander, mit den Lehrkräften oder mit externen Kursleiter/innen über die Sprachentwicklung, Erziehung und Bildung ihrer Kinder in Familie und Schule. Ferner können z.B. die individuelle Migrationsgeschichte, die Lebenssituation in Deutschland und die eigene Identitätsentwicklung reflektiert werden.

Außerdem können Lehrer/innen Erlebnisräume schaffen, in denen Schüler/innen Erwachsenen aus unterschiedlichen Kulturen begegnen, Interesse an deren Lebenserfahrungen, Werten und Vorstellungen entwickeln und von ihnen lernen. Beispielsweise werden Eltern mit Migrationshintergrund gelegentlich *in den Unterricht einbezogen*: Sie erzählen von ihrem Herkunftsland und den dortigen Lebensverhältnissen, Sitten und Bräuchen, zeigen den Schüler/innen Fotos, Dias und Filme oder bringen ihnen fremdsprachige Lieder und Gedichte bei. Sie können aber auch über ihre Erfahrungen als Arbeitsmigrant/innen, Aussiedler/innen oder Flüchtlinge, über ihre Integrationsprobleme und über ihr Leben in Deutschland als Mitglieder einer Subkultur berichten. Erleben ihre Kinder, dass ihre Herkunftskultur auf solche Weise wertgeschätzt wird, sind sie nicht nur auf ihre Eltern stolz, sondern entwickeln auch mehr Selbstachtung und Selbstbewusstsein.

Schließlich können Lehrer/innen einzelne Elternabende zur *Intensivierung des Kontakts zwischen deutschen Eltern und Eltern mit Migrationshintergrund* nutzen (Schlösser 2017). Hier können sich Eltern beispielsweise zu Themen wie „Spiele und Lieder meiner Kindheit" oder „Literatur der Heimatländer" austauschen. In der Diskussion miteinander wird herausgearbeitet, wie unterschiedlich sich Kindheit in verschiedenen Kulturen gestaltet bzw. wodurch sich die Lieblingstexte der Eltern unterscheiden. Deutsche Eltern und Eltern mit Migrationshintergrund können einander auch ihre Religionen vorstellen, was mit einer gemeinsamen Besichtigung von Kirchen, Moscheen und Tempeln verbunden werden kann.

Schlusswort

Die im vorliegenden Buch beschriebene Erziehungs- und Bildungspartnerschaft zwischen Schule und Familie mag vielleicht etwas idealistisch wirken. Aber sie wird laut einer für Bayern repräsentativen Studie (Sacher 2005) von manchen Lehrer/innen realisiert – die dann bei Eltern auf positive Resonanz stoßen. So ergab sich aus der Untersuchung das Idealbild einer Lehrkraft, „die kontaktfreudig und offen auf Eltern zugeht, ihnen Briefe schreibt, Rundschreiben verschickt, sie zu Feedback auffordert, sie spontan anruft und anspricht (und damit natürlich ihrerseits Anrufe und Ansprechen durch Eltern provoziert), zu Gesprächen – auch außerhalb der Sprechzeiten – einlädt, sich informell bei Stammtischen mit ihnen trifft und auch ihren Unterricht für sie öffnet. ... Aufgeschlossene Lehrkräfte, welche dem gezeichneten Idealbild nahe kommen, haben auch überzufällig viele aufgeschlossene und kontaktfreudige Eltern" (S. 151).

Mit DiNatale (2002) kann Folgendes ergänzt werden: „Wenn Eltern eingebunden werden, gewinnen sie ein besseres Verständnis von ihrer Rolle als primäre Erzieher ihres Kindes. Darüber hinaus lernen Eltern und Lehrer/innen einander besser kennen und lernen voneinander. Dies führt dazu, dass die Kinder mehr individuelle Beachtung erfahren und das Curriculum gehaltvoller und abwechslungsreicher wird" (S. 90). DiNatale verweist darauf, dass nach amerikanischen Forschungsergebnissen Schulen mit einem hohen Grad konsistenter und sinnvoller Elternbeteiligung erfolgreicher sind als solche ohne Elternmitarbeit. Auch wären die Lehrkräfte mit ihrer Arbeit zufriedener und besäßen mehr Selbstachtung. Die Eltern würden sich bewusst, dass ihr Verhalten und ihr Vorbild einen großen Einfluss auf die Erziehung und Bildung ihrer Kinder haben, und engagieren sich dementsprechend mehr – wobei wissenschaftliche Studien belegen würden, dass einer der wichtigsten Faktoren, die den Schulerfolg von Kindern bestimmen, das Ausmaß der Beteiligung der Eltern an ihrer Bildung sei.

Literatur

Altuntaş, N./Kröll, D. (Hrsg.)/Viertel, G.: Elternarbeit in der Förderschule. Ein Leitfaden mit Checklisten und Kopiervorlagen. Buxtehude: Persen 2011

Bailey, L.B./Silvern, S.B./Brabham, E./Ross, M.: The Effects of Interactive Reading Homework and Parent Involvement on Children's Inference Responses. Early Childhood Education Journal 2004, 32, S. 173-178

Bertelsmann Stiftung: Nachhilfeunterricht in Deutschland. Ausmaß – Wirkung – Kosten. Bielefeld 2016. https://www.bertelsmann-stiftung.de//de/publikationen /publikation/did/nachhilfeunterricht-in-deutschland/ (abgerufen am 12.05.2018)

Bundesministerium für Familie, Senioren, Frauen und Jugend (Hrsg.): Geflimmer im Zimmer. Informationen, Anregungen und Tipps zum Umgang mit dem Fernsehen in der Familie. Berlin: Selbstverlag 2008

Bundeszentrale für gesundheitliche Aufklärung: Wie viel Schlaf braucht mein Kind? Die durchschnittliche Schlafdauer von Kindern in verschiedenen Altersstufen. http://www.kindergesundheit-info.de/fuer-eltern/schlafen/schlafen1/statis tik-wie-viel-schlaf-braucht-mein-kind/ (abgerufen am 06.11.2012)

Coleman, J.S. et al.: Equality of Educational Opportunity. Washington: U.S. Department of Health, Education, and Welfare 1966

Dernick, R./Küstenmacher, W.T.: Topfit für die Schule durch kreatives Lernen im Familienalltag. München: Kösel, 12. Aufl. 2020

Deutsche Gesellschaft für Sozialpädiatrie und Jugendmedizin (DGSPJ): Kinder- und Jugendärzte sind besorgt: Zu viele Kinder erhalten zu viele Förder- und Therapiemaßnahmen (o.J.). http://www.dgspj.de/media/Presse-KampagneThera pie.pdf (abgerufen am 06.11.2012)

DiNatale, L.: Developing High-Quality Family Involvement Programs in Early Childhood Settings. Young Children 2002, 57 (5), S. 90-95

Doppke, M./Gisch, H.: Elternarbeit. Fakten, Gründe, Praxistipps. München: Oldenbourg 2005

Elschenbroich, D./Schweitzer, O.: Die Dinge – daheim. Ein Bildungshaus im Taubertal. DVD. München: DJI Filmproduktion 2008

Essigkrug, U./Schiekel, A.: Grundschule für Eltern: Was Sie wissen müssen, um Ihr Kind zu unterstützen. München: Dorling Kindersley Verlag 2020

Frie, P.: Wie Eltern Schule mitgestalten können. Ein Handbuch für Lehrer und Eltern. Mülheim: Verlag an der Ruhr 2006

Homeschooling. http://en.wikipedia.org/wiki/Homeschooling (abgerufen am 12.05.2018)

Lotzwy, D./Wenzel, P.: Nutzerorientierung als erster Schritt zum Qualitätsmanagement im Kindergarten. In: Deutscher Caritasverband (Hrsg.): caritas`97. Jahrbuch des Deutschen Caritasverbandes. Freiburg: Selbstverlag 1996, S. 244-251

Murphy, J.: Homeschooling in America. Capturing and Assessing the Movement. Thousand Oaks: Corwin 2012

Plowden, B. (Hrsg.): Children and Their Primary Schools. London: Her Majesty's Stationery Office 1967

Ray, B.D.: Homeschooling: The Research. Research Facts on Homeschooling, Homeschool Fast Facts. https://www.nheri.org/research-facts-on-homeschool ing/ (abgerufen am 28.12.2020)

Rammert, M./Wild, E.: Hausaufgaben ohne Stress. Die besten Tipps für entspanntes Lernen zu Hause. Freiburg: Herder 2014

Robert Koch-Institut: KiGGS Welle 2 – Erste Ergebnisse aus Querschnitt- und Kohortenanalysen. Journal of Health Monitoring, Heft 1/2018

Sacher, W.: Erfolgreiche und misslingende Elternarbeit. Ursachen und Handlungsmöglichkeiten. Schulpädagogische Untersuchungen Nürnberg Nr. 24. Nürnberg: Lehrstuhl für Schulpädagogik 2005

Schlösser, E.: Zusammenarbeit mit Eltern – interkulturell. Informationen und Methoden zur Kooperation mit Eltern – mit und ohne Migrationserfahrung – in Kita, Grundschule und Familienbildung. Münster: Ökotopia, 4. Aufl. 2017

Schnabel, M.: Im Teufelskreis der negativen Emotionen. Wie die Spirale der Negation im Elterngespräch aufgebrochen werden kann. klein & groß 2001, Heft 6, S. 20-23

Schulz von Thun, F.: Miteinander reden, Band 1. Störungen und Klärungen. Reinbek: rororo, 49. Aufl. 2011

Sekretariat der Kultusministerkonferenz: Allgemeinbildende Schulen in Ganztagsform in den Ländern in der Bundesrepublik Deutschland. Statistik 2014 bis 2018. Berlin 2020. https://www.kmk.org/fileadmin/Dateien/pdf/Statistik/Dokumenta tionen/GTS_2018.pdf (abgerufen am 28.12.2020)

Speck, O.: System Heilpädagogik. Eine ökologisch reflexive Grundlegung. München, Basel: Ernst Reinhardt Verlag, 3. Aufl. 1996

Staatsinstitut für Schulqualität und Bildungsforschung: ErziehungKonkret 6. http://www.isb.bayern.de/schulartspezifisches/materialien/erziehung-konkret-6/ (abgerufen am 10.01.2013)

Statistische Ämter des Bundes und der Länder: Kindertagesbetreuung regional 2018. Ein Vergleich aller Kreise in Deutschland. Wiesbaden: Statistisches Bundesamt 2019

Statistisches Bundesamt: Wie die Zeit vergeht. Ergebnisse zur Zeitverwendung in Deutschland 2012/2013. https://www.destatis.de/DE/PresseService/Presse/

Pressekonferenzen/2015/zeitverwendung/Pressebroschuere_zeitverwendung. pdf?__blob=publicationFile (abgerufen am 12.05.2018)

Statistisches Bundesamt: Kinderlosigkeit, Geburten und Familien. Ergebnisse des Mikrozensus 2018. Wiesbaden 2019

Textor, M.R.: Die Bildungsfunktion der Familie stärken: Neue Aufgabe der Familienbildung, Kindergärten und Schulen? Nachrichtendienst des Deutschen Vereins für öffentliche und private Fürsorge 2005, 85 (5), S. 155-159

Textor, M.R.: Zukunft von Familie und Kindheit. Zeitschrift für Kindschaftsrecht und Jugendhilfe 2014, Heft 4, S. 134-138

Vodafone Stiftung Deutschland: Leistungskluft zwischen Schülern aus verschiedenen sozialen Schichten wächst. Allensbach-Studie im Auftrag der Vodafone Stiftung Deutschland zur Situation an deutschen Schulen (24.04.2012). http://www.vodafone-stiftung.de/presseinfomodul/detail/168.html (abgerufen am 06.11.2012)

Autor

Dr. Martin R. Textor, Jahrgang 1954, studierte Erziehungswissenschaft, Beratung und Sozialarbeit an den Universitäten Würzburg, Albany (New York) und Kapstadt. Er arbeitete 20 Jahre lang als wissenschaftlicher Angestellter am Staatsinstitut für Frühpädagogik in München. Vom November 2006 bis Dezember 2018 leitete er zusammen mit seiner Frau das nicht universitäre Institut für Pädagogik und Zukunftsforschung (IPZF) in Würzburg. Seit Januar 2019 ist er Rentner.

Martin R. Textor veröffentlichte 23 Monographien, 23 Fachbücher als (Mit-) Herausgeber, mehr als 470 Artikel in Fachzeitschriften, wissenschaftlichen Zeitschriften und (Hand-) Büchern (ohne graue Literatur), rund 300 Fachartikel im Internet sowie circa 660 Rezensionen. Ferner wirkte er an 485 Veranstaltungen – mit mehr als 24.600 Teilnehmer/innen – als Referent oder Fortbildner mit.

Gemeinsam mit Antje Bostelmann gibt Martin R. Textor „*Das* Kita-Handbuch" heraus (www.kindergartenpaedagogik.de). Ferner ist er Autor der Websites „Zukunftsorientierte Pädagogik" (www.zukunftsorientierte-paedagogik.de), „Zukunftsentwicklungen" (www.zukunftsentwicklungen.de) „Kindertagesbetreuung" (www.kindertagesbetreuung.de) sowie „Elternarbeit in Kita und Schule" (www.elternarbeit.info). Ausführliche Informationen über seine Person und seine Veröffentlichungen können auf www.ipzf.de abgerufen werden. Seine Autobiographie ist unter www.martin-textor.de zu finden.

Buchhinweis

Martin R. Textor: Zukunftsorientierte Pädagogik: Erziehen und Bilden für die Welt von morgen. Wie Kinder in Familie, Kita und Schule zukunftsfähig werden. Norderstedt: Books on Demand, 2. Aufl. 2018, 132 Seiten, 11,50 EUR, ISBN 978-3-8448-1444-6

Bei der Erziehung und Bildung von Kindern geht es immer um deren Zukunft. Wir wollen ihnen Kenntnisse und Fertigkeiten mitgeben, die sie benötigen, damit sie später in der Arbeitswelt erfolgreich sein, positive Beziehungen zu anderen Menschen aufbauen und ihr persönliches Glück finden können.

Um dieses Ziel zu erreichen, müssen wir uns fragen: Wie werden die Kinder von heute in 20 oder 40 Jahren leben? In was für einer Welt werden sie dann zurechtkommen müssen? Mit welchen Herausforderungen werden sie konfrontiert werden? Was werden sie dann an Wissen benötigen? Wie können wir Kinder „fit für die Zukunft" machen?

Diese Fragen werden in meinem Buch beantwortet. Im ersten Teil wird beschrieben, wie sich Zukunftsforscher die Welt in 20 oder 30 Jahren vorstellen. Nach jedem Kapitel werden relevante Kompetenzen aufgezeigt, die Menschen zur Bewältigung der jeweiligen Zukunftsentwicklungen benötigen. Die so erarbeiteten Fähigkeiten und Qualifikationen werden im zweiten Teil des Buches zusammengefasst. Im dritten Teil wird diskutiert, wie Familie, Kindertageseinrichtung und Schule Kinder „zukunftsfähig" machen können.